REVERS
1999-2000

Coperta reia caracterele şi culoarea cu care era tipărit titlul revistei şi logo-ul reprezentîndu-l pe Janus, desenat de Dan Hayon.

# RADU PORTOCALĂ

# REVERS

## 1999-2000

NON GRATA

# CUVÎNT ÎNAINTE

„Revers" a fost o aventură ciudată, istovitoare, începută cu multe speranţe – şi care, ca atîtea alte aventuri, s-a încheiat prost.

Primii refugiaţi români au ajuns în Franţa după înfrîngerea revoluţiei din 1848, aducînd cu ei ideea tenace de a înfiinţa ziare menite, cel puţin teoretic, să structureze şi, în special, să federeze comunitatea ce începuse să se închege pe pămînt străin. De atunci, acest exil s-a prelungit, s-a înnoit, rareori unitar, dar totdeauna bîntuit de ispita jurnalistică.

„Bulletin informatif des Roumains de l'exil" – cunoscut sub numele prescurtat B.I.R.E. – a fost cea mai longevivă dintre aceste numeroase experienţe. A apărut la Paris în 1948 şi a fost preluat în 1951 de René Theo, jurnalist de origine greacă emigrat din România cu patru ani în urmă. Bine informat, B.I.R.E. a oferit, vreme de trei decenii şi jumătate, românilor din Franţa – şi nu numai – posibilitatea de a şti ce se întîmpla în ţară.

După retragerea lui René Theo, în toamna lui 1982, buletinul a continuat să apară cîteva luni sub direcţia lui Mihai

Korne. Foarte repede, însă, acesta avea să lanseze propria sa revistă, purtînd titlul „Lupta" şi redactată de prietena mea Antonia Constantinescu.

„Lupta" a trecut „pragul" lui decembrie 1989, ceea ce ar fi putut părea surprinzător în condiţiile în care cenzura dispăruse în România, ziarele proliferau, iar poşta le aducea din abundenţă la Paris. Adevărul, pe care nu l-am aflat decît mult mai tîrziu, e că tirajul scăzuse simţitor, o bună parte din el fiind expediat gratuit foştilor abonaţi. Ostilă lui Ion Iliescu şi puterii FSN, linia editorială a lui Mihai Korne s-a transformat într-o permanentă campanie pre- şi post-electorală în favoarea lui Emil Constantinescu, de care îl lega o recentă prietenie. Eşecurile acestuia din urmă n-au modificat cu nimic atitudinea „Luptei", rămasă fidelă chiar şi după abandonul anunţat în iulie 2000.

Antonia Constantinescu n-a mai apucat însă această perioadă de optimism fără sens. Bolnavă de aproape trei ani, făcînd eforturi supraomeneşti pentru a continua să redacteze revista, ea a murit în vara lui 1999. Atunci, mai mulţi cititori ai „Luptei" mi-au sugerat să preiau redactarea revistei, lucru pe care însă nu puteam să-l accept din două bune motive: mi-ar fi fost, pe de o parte, imposibil să mă aşez în locul celei pentru care avusesem o mare afecţiune; intuiam, pe de altă parte, că n-aş fi putut colabora cu Mihai Korne, în ciuda faptului că relaţiile noastre erau încă foarte cordiale.

Am hotărît, deci, să-mi creez propria publicaţie. I-am cerut acordul bărbatului Antoniei, poetul Daniel Constantin, de la care am primit de-a dreptul o binecuvîntare. L-am înştiinţat pe Mihai Korne, care mi-a răspuns că nu are nici o obiecţie.

Astfel „înarmat", am conceput o machetă, am căutat soluţiile cele mai bune pentru imprimare şi am trimis multe scrisori prin care încercam să atrag abonaţi. Primul număr din „Revers" a apărut pe 15 octombrie 1999. Totul se desfăşura bine – sau, cel puţin, aşa îmi plăcea să cred.

„Revers", cu cele 12 pagini ale sale, a apărut de două ori pe lună, pînă în octombrie 2000. Dar situația a devenit repede insuportabilă. Citirea și selecționarea știrilor din România, redactarea editorialului și a celei mai mari părți a revistei (cei care și-au onorat promisiunile de colaborare n-au fost numeroși), punerea în pagină, transportul machetei la o tipografie aflată la 60 km de Paris, preluarea revistelor două zile mai tîrziu, punerea lor în plicuri, expedierea de la un oficiu poștal dintr-o suburbie a orașului – toate acestea însemnau mult timp.

După un an, timpul hotărît pentru a face un bilanț care să-mi spună dacă puteam sau nu continua, eram datornic tipografului (v. pag. 226). Nu mai primisem nici un abonament nou. Am scos un ultim număr, în decembrie 2000, în care am anunțat încetarea publicării. Mulți cititori mi-au telefonat pentru a-mi spune că regretă hotărîrea pe care o luasem. „Revista Dumneavoastră are succes. Sînt destui abonați care fac cîte 15-20 de cópii la serviciu și le distribuie la prieteni." Atunci am înțeles de ce eșuasem și de ce nu mai merita să continui.

Scurt timp după ce pusesem punctul final al acestei experiențe, Mihai Korne a încercat să reia „Lupta". În primul număr explica cititorilor săi că revistele apărute recent în Franța (nu era decît una: cea pe care o publicam) l-au criticat pe Emil Constantinescu fiindcă erau finanțate de Securitate! Așa s-au încheiat relațiile noastre, dar și veleitățile mele de a deveni „director" de publicație.

15 octombrie 1999



# ACASĂ

Există, în viaţa oricărui ziarist care crede în ceea ce face, un moment cînd din acumularea experienţelor bune şi rele, din deprinderea de a observa în permanenţă şi de a tălmăci actualitatea, din nevoia viscerală de a scrie în deplină libertate se iscă dorinţa aducerii pe lume a unei noi publicaţii. Moment de îndoieli şi speranţe, cînd privirea se îndreaptă spre viitor, cumpănind sorţii de supravieţuire a revistei ce se naşte.

Pentru mine, acest moment înseamnă, în primul rînd, reversul tăcerii în care am fost închis vreme de şase ani – şi nu pentru că nu aş fi avut ce scrie. Dimpotrivă, poate… Nu pot să nu amintesc, cu recunoştinţă, faptul că, în tot acest răstimp, „Lupta" a fost singura publicaţie care m-a găzduit.

Revers, de asemeni, pentru că vom încerca să analizăm actualitatea dintr-un punct de vedere care, adesea, rămîne invizibil cititorilor. Ne vom feri de conformismele de orice fel, de înregimentări şi subordonări. Ne vom folosi libertatea pentru a apăra numai ceea ce merită să fie apărat, şi pentru a critica tot ce este criticabil.

Revers, în sfîrşit, ca un avertisment împotriva a ceea ce acest cuvînt poate însemna în limba franceză: înfrîngere. An după an, din promisiuni în neîmpliniri şi din speranţe în dezamăgiri, spectrul înfrîngerii se conturează la orizontul României. A ne lamenta privindu-l pasivi, a accepta ca pe o fatalitate faptul că, într-o zi, ne-ar putea zdrobi sub teribila lui greutate e cel mai mare deserviciu pe care îl putem face ţării şi nouă înşine. Adevărul este prima armă împotriva lui pe care o avem la îndemînă. Iar adevărul e unul şi indivizibil. El nu are nuanţe şi nu suportă tocmeala. În situaţia de azi a României, a excepta pe unii sau pe alţii de la legea adevărului înseamnă a-i condamna pe toţi la o tristă înfrîngere.

Vom aşeza aceste pagini sub protecţia lui Ianus, zeul roman al începuturilor şi al porţilor. Cele două chipuri ale sale – simbol nu al duplicităţii, ci al vigilenţei – îi permit să vadă ceea ce, pentru alţii, este ascuns. Ca el, vom căuta adevărul în toate zările pentru a ne putea feri de ceea ce ne ameninţă.

Desigur, nu îndrăznesc să sper că vom reuşi să mulţumim întotdeauna şi în chip egal pe toţi cititorii. Dar care ziar poate nutri un gînd atît de nemăsurat? Vom face însă tot ce ne stă în puteri pentru a nu înşela nici o aşteptare.

Mulţi dintre abonaţi mi-au scris că lansarea unei noi reviste este un act de curaj. Într-un context în care actualitatea românească interesează din ce în ce mai puţin, iar cei pe care România îi lasă indiferenţi sînt din ce în ce mai numeroşi, aş spune mai degrabă că e o imprudenţă. Dar n-am avut oare dovada, de-a lungul ultimilor trei ani, ca şi în dezolantul concentrat al sondajelor din luna iulie, că excesul de prudenţă în politică e contraproductiv?

Înainte de a porni la drum, vreau să le mulţumesc tuturor celor care, cu promptitudine, uneori chiar fără să mă cunoască, mi-au manifestat încrederea lor abonîndu-se la această revistă.

# ULTIMUL AN

Au şi trecut trei ani de la acele momente de efervescenţă, cînd totul părea posibil, cînd viitorul României – pentru prima oară după o sumbră jumătate de secol – părea să se aşeze sub lumina speranţei. Trei ani de la alegeri...

Partidele din Convenţia Democrată şi candidatul Emil Constantinescu înmulţiseră promisiunile mult dincolo de limitele realizabilului. Dar cine mai stătea atunci să măsoare aceste limite?! Atunci era nevoie de optimism, nu de luciditate. „Contractul cu România" înflăcăra spiritele. Iar cînd experţii occidentali atrăgeau atenţia că el ar depăşi chiar şi posibilităţile unei ţări cu economie dezvoltată, optimiştii îi tratau de cîrcotaşi.

Şi totuşi, au trecut primele 200 de zile pe care şi le acordaseră CDR şi Emil Constantinescu pentru a schimba faţa ţării, apoi au trecut alte sute de zile şi „Contractul cu România" tot nu a fost onorat. Chiar dacă preşedintele afirma, în 1997, că el a fost realizat „în litera şi spiritul lui". Chiar dacă primul ministru Victor Ciorbea ne informa printr-o ciudată formulă, tot în 1997, că „faza destructivă s-a încheiat, acum putem trece la faza constructivă". De parcă ar mai fi fost ceva de distrus în România! De parcă citisem cu toţii prost „Contractul" şi nu înţelesesem că primele 200 de zile urmau să fie dedicate unor vaste operaţii de distrugere!

„Dacă o veţi alege şi va veni la putere – scrie în Preambulul «Contractului» –, Convenţia Democrată din România va îndeplini cu stricteţe următoarele obligaţii, pe care şi le asumă cu fermitate, în baza unor studii realiste, responsabile şi îndelungate." (Studii realizate, probabil de cei 15 000 de experţi inexistenţi!) Urmează promisiunile, grupate în 20 de puncte. Iar, la sfîrşitul textului, sîntem asiguraţi că: „Dacă pînă la termenele respective (cele 200 de zile – n. a.) toate aceste promisiuni nu vor fi aduse la îndeplinire, înseamnă că am încălcat prezentul contract pe care Dumneavoastră îl semnaţi votînd cu Convenţia Democrată din România şi aveţi dreptul să renunţaţi la noi."

Aveţi dreptul să renunţaţi la noi… Cum să interpreteze alegătorul aceste cuvinte? Ca pe o incitare la revoltă? Căci ce alt mod ar exista de a „renunţa" la un guvern? Oare n-ar fi fost mai potrivit – şi, la urma urmei, mai cinstit – să fie evocată eventualitatea unei demisii? Dar dregătorii români n-au descoperit încă virtuţile simbolice ale demisiei!

Timp de trei ani, toate nerealizările au fost puse pe seama obstrucţiilor parlamentare şi a neviabilei coaliţii cu Partidul Democrat al lui Petre Roman. Fără îndoială, ambele scuze sînt parţial justificate. Dar, totuşi, şi în alte ţări există parlamente şi opoziţii, şi în alte ţări funcţionează coaliţii inconfortabile. Ceea ce nu însemnă că toate aceste ţări se află în situaţia de blocaj în care se zbate România.

În 1996 s-a sperat enorm pentru că s-a promis fără măsură. Şi tocmai de aceea afirmaţia preşedintelui Constantinescu – „Nu sînt răspunzător de ce şi-a închipuit fiecare că va fi" – apare ca o manifestare de cinism perfect deplasată într-un context în care dl Constantinescu este, în mare măsură, responsabil de ce nu a fost. Acum, tot el le propune românilor să facă „o opţiune între prosperitate şi demnitate". Sîntem departe, foarte departe de „Contractul cu România"! Dar sîntem departe şi de demnitate, în condiţiile în care mizeria galopantă ne ţine în continuarea în coada Europei.

Bunele intenţii din 1996 s-au transformat repede în obsesie a realegerii. Cînd această mutaţie a avut loc, maşinăria puterii s-a blocat definitiv. Scrutinul din anul 2000 a devenit singurul obiectiv al guvernanţilor – ca şi al opoziţiei, de altfel. Timp de trei ani, deci, nu s-a făcut decît prea puţin de teama pierderii electoratului, iar faptul că nu s-a făcut destul conduce acum tocmai la pierderea electoratului.

Pe de altă parte – în ciuda tentaţiei pe care o afişează mulţi reprezentanţi ai puterii, în frunte cu primul ministru Radu Vasile, de a se alia cu partidul lui Ion Iliescu – ni se spune zi de zi că o nouă guvernare PDSR ar fi o catastrofă. O realitate de care nu ne îndoim. Dar ce s-a făcut pentru a se împiedica revenirea lui Ion Iliescu şi a PDSR la cîrma ţării?

Sondajele realizate în lunile de vară par dezastruoase. Însă în măsura în care aproape jumătate din cei interogaţi nu au decis încă în favoarea cui vor vota, o interpretare categorică a lor este riscantă. Scenariul cel mai dramatic ar fi cel al unui abstenţionism ridicat – ceea ce ar diminua legitimitatea viitorului guvern –, combinat cu o împrăştiere a voturilor – ceea ce ar face aproape imposibilă formarea unei coaliţii viabile.

Ce se va întîmpla în acest ultim an al mandatului pe care, cu atîta încredere, alegătorii l-au dat echipei Emil Constantinescu-CDR? Şi, în special, cum să-i convingem pe politicienii noştri că soarta României şi a românilor este şi trebuie să rămînă întîia lor preocupare, deasupra ambiţiilor personale şi a intereselor de partid?…

1 noiembrie 1999



# INVECTIVE ŞI ALIANŢE

Cu cîteva zile înainte de sfîrşitul campaniei electorale din 1996, pe atunci candidatul Emil Constantinescu proclama că locul lui Petre Roman este nu în faţa alegătorilor, ci în închisoare. O opinie pe care mulţi par a o împărtăşi, dar pe care nu a confirmat-o nici un judecător. Deci, din punctul de vedere al regulilor democratice, o opinie ce nu poate fi exprimată public fără a pune în pericol buna rînduială a Statului de drept. Furios, Petre Roman riposta, ameninţînd şi pretinzînd să i se ceară scuze.

Nici două săptămîni mai tîrziu, protagoniştii acestui schimb de „amabilităţi", îmbujoraţi de emoţie, parafau o alianţă de guvernare ce avea să devină foarte repede, pentru amîndoi, explicaţia şi justificarea tuturor eşecurilor pe care le-a cunoscut România în ultimii trei ani.

O, impenetrabile subtilităţi ale politicii româneşti!...

Atunci, marele păgubaş al acestei înţelegeri era partidul lui Ion Iliescu, PDSR. Alianţa dintre d-nii Constantinescu şi Roman îl îndepărta de mana puterii, împingîndu-l în zona prea puţin glorioasă (şi nici din cale-afară de rentabilă...) a opoziţiei.

Acum, după trei ani de așteptare – și, fără îndoială, amețiți de rezultatele ultimelor sondaje – fruntașii PDSR promit actualilor guvernanți că, îndată după alegeri, vor fi expediați „să se odihnească" în închisori special amenajate și conforme Drepturilor omului.

În discursul politic românesc, referirile la întemnițarea adversarilor tind să devină o simplă tehnică electorală pe gustul maselor de alegători. Ceea ce e edificator – dar în sensul dramatic! – pentru o societate care a ajuns să-și facă din închisoare un reper.

Sigur, grosolănia nu poate decît să ne revolte (și, în legătură cu asta, ar fi bine să nu uităm că nici „ai noștri" n-au fost mai breji cînd i-au urlat în față lui Ion Iliescu, mînați de o elegantă inspirație democratică: „Iliescu du-te-acasă, ți-e nevasta canceroasă!"). Ea reflectă calitatea oamenilor și nivelul lor cultural. Dar, din păcate, ea a fost acceptată de la bun început, ba chiar apreciată și încurajată de unii care au considerat-o ca înviorătoare în peisajul tern al vieții publice.

În spatele injuriilor și amenințărilor, însă, politicienii români se pregătesc pentru alegeri negociind alianțe despre care ne putem îndoi că vor fi în măsură să îmbunătățească, în sfîrșit, soarta țării.

Scenariul cel mai des evocat este cel al renașterii FSN-ului originar: partidul lui Ion Iliescu (PDSR) s-ar putea uni cu cel al lui Petre Roman (PD) și al lui Teodor Meleșcanu (ApR). Eventualitate dramatică, a cărei punere în aplicare ne-ar întoarce cu nouă ani înapoi. Cu atît mai mult cu cît, potrivit sondajelor, o astfel de coaliție ar obține în mod cert majoritatea voturilor.

Dl Meleșcanu, a cărui spectaculoasă cotă de popularitate rămîne un mister de nepătruns, este de la o vreme omul public cel mai curtat din România. Tot spectrul politic încearcă să se alieze cu partidul lui, pe care unii îl consideră de centru, în timp ce alții îl supranumesc „partidul coloneilor". PNL discută cu el în vederea unei eventuale (şi improbabile) alianţe post-electorale. PUNR negociază o viitoare „fuziune, alianţă sau participare la o majoritate comună". PNR, partidul lui Virgil Măgureanu, caută diverse „formule de colaborare în vederea alegerilor locale, parlamentare şi prezidenţiale". Pentru alegerea prezidenţială, Teodor Meleşcanu va beneficia de sprijinul lui Virgil Măgureanu (ceea ce implică, evident, măcar o parte din SRI). În 1996, doritor de „schimbare", Măgureanu îşi manifestase mărinimia electorală faţă de Emil Constantinescu şi CDR.

În ce priveşte alegerile locale – care se vor desfăşura, probabil, în primăvara viitoare – partidul lui Teodor Meleşcanu a şi discutat un protocol de colaborare pre- şi post-electorală în Municipiul Bucureşti cu PDSR.

La rîndul său, primul ministru Radu Vasile, sensibil la adierile sondajelor, a evocat nu de mult posibilitatea unei alianţe depăşind cu mult limitele firescului între un PNŢCD condus de el însuşi şi PDSR-ul lui Ion Iliescu. Mustrat de conducerea partidului pentru asemenea idei inoportune, dl Vasile s-a retractat, predînd ştafeta adjunctului său, Sorin Lepşa, care continuă să susţină că o asociere cu stînga „postcomunistă" ar fi benefică. Perspective periculoase pe care Emil Constantinescu a găsit de cuviinţă să le califice de „mici glumiţe politice"!

Probabil însă că, în sinea lui, preşedintele nu le ia chiar drept „glumiţe", de vreme ce şi-a însărcinat sfetnicii să caute o soluţie care să înlocuiască, la nevoie, sprijinul electoral pe care i l-a promis PNŢCD. Strategii de la Cotroceni au produs două scenarii: la alegerile din anul 2000, Emil Constantinescu se va prezenta fie ca independent – „candidat al tuturor românilor", soluţie şchioapă din moment ce sondajele arată că numai 17% din alegători ar vota pentru el –, fie sub auspiciile asociaţiilor civice – soluţie la fel de şchioapă, dat fiind faptul că preşedintele nu le-a tratat întotdeauna cu diplomaţia cuvenită (oare nu spunea el acum doi ani membrilor Alianţei Civice – care l-au susţinut din 1992 – că au devenit un „club de frustraţi"?).

Campania electorală a început aşadar, însă deocamdată singurul care a reuşit să-şi asigure un sprijin real e Ion Iliescu: el a semnat zilele trecute un protocol politic cu Partida Romilor, ceea ce-i va aduce peste un milion şi jumătate de voturi.

# KOSOVO:
# ÎN CĂUTAREA ARGUMENTELOR
# RĂZBOIULUI

De-a lungul întregului an 1998, directorii de conştiinţă internaţionali şi experţii în filantropie politică au înmulţit campaniile de presă prin care denunţau *urbi et orbi* masacrarea populaţiei majoritare albaneze din Kosovo de către minoritatea sîrbă. De zece ani, proclamau ei, sîrbii se dedau la „purificarea etnică" – adevărat genocid ce urmărea pur şi simplu decimarea albanezilor. Evident, faptul că, în tot acest timp, numărul acestora din urmă nu a încetat să crească, nu putea fi reţinut ca un contra-argument valabil.

Tot în 1998, Departamentul de Stat american aşeza formaţia para-militară albaneză din Kosovo (UCK) în fruntea listei organizaţiilor teroriste din lume. Un an mai tîrziu, într-un inexplicabil elan de inconsecvenţă, acelaşi Departament de Stat milita pentru înarmarea UCK – ceea ce, de altfel, era mai mult sau mai puţin inutil: un profitabil trafic de droguri, denunţat public de serviciile secrete americane, permitea albanezilor să se înarmeze singuri.

Războiul a început în martie 1999, avînd ca scop declarat oprirea masacrelor, dar fără ca – după propria mărturisire a responsabililor NATO – un singur spion să fi fost trimis la faţa locului pentru a confirma (sau nu) realitatea acestor masacre. Dezastrul umanitar sa produs *după* începerea bombardamentelor, cu nesfîrşite convoaie de refugiaţi, cu morţi aproape în exclusivitate civili – iar, printre ei, prea mulţi dintre albanezii ce trebuiau, de fapt, protejaţi –, cu distrugeri materiale în mare parte inutile. Potenţialul militar iugoslav n-a fost decît prea puţin afectat de o intervenţie militară occidentală prost pregătită şi, în plus, şubrezită de agenţii est-europeni care operau în chiar sediul NATO.

În mod paradoxal, Alianţa atlantică pare a fi ieşit din acest conflict mai zdruncinată decît Iugoslavia pe care vroia s-o distrugă. Iar certitudinile i se spulberă odată cu trecerea lunilor de „pace".

Informaţiile care se acumulează dovedesc din ce în ce mai limpede că războiul a fost declanşat în urma presiunilor exercitate de UCK şi a fost condus potrivit informaţiilor furnizate tot de UCK. Ştiind că această organizaţie practică ideologia marxistă şi se revendică din tradiţia monstrului comunist Enver Hodja, e greu să se susţină că Occidentul s-a mobilizat împotriva lui Miloşevici pentru simplul motiv că el ar fi ultimul dictator comunist (dar China, Coreea de Nord, Cuba, etc. sînt oare conduse de democraţi?)…

Realitatea pe teren – despre care presa vorbeşte cu din ce în ce mai multă parcimonie – este cu totul alta decît cea pe care şi-o închipuiau aliaţii, în luna martie, cînd au început războiul: Iugoslavia nu a fost distrusă, Miloşevici nu a pierdut puterea[1], întreaga regiune e destabilizată durabil, iar sîrbii sînt măcelăriţi sub privirile neputiincioase ale Forţei Naţiunilor Unite pentru Kosovo (KFOR).

---

[1] Slobodan Miloşevici a fost arestat în 2001 şi transferat în închisoarea Tribunalului Penal Internaţional pentru Iugoslavia (TPIY) de la Haga, instituţie politică înainte de toate. A murit în această închisoare în 2006 din lipsă de îngrijiri medicale. Zece ani mai tîrziu, în 2016, Tribunalul l-a declarat inocent – o ştire pe care presa occidentală s-a ferit s-o difuzeze.

În fond, Occidentul a sfîrşit prin a înţelege că nu el a cîştigat războiul, ci albanezii din UCK. Ei conduc acum după bunul lor plac regiunea Kosovo, trupele KFOR pierzînd practic orice control, şi tot ei vor obţine în curînd ceea ce nimeni nu voia să le acorde: statutul de independenţă[2]. Primul pas către o Albanie Mare, care nu va întîrzia săşi manifeste apetitul în direcţia Macedoniei şi, poate, a nordului Greciei.

Alianţa atlantică a considerat că începe un război just pentru că era convinsă că scopul urmărit era just. Ceea ce ştim astăzi dovedeşte că ea s-a înşelat – sau, mai degrabă, că s-a lăsat înşelată. De la o vreme, în presa americană apar informaţii discrete asupra faptului că, în ciuda a cinci luni de căutări frenetice, nu se găsesc încă urmele teribilului genocid. În timp ce sateliţii fotografiază şi albanezii denunţă, experţii răscolesc solul în tot Kosovo căutînd gropile comune despre care ni s-a vorbit atît. Pînă acum, însă, nu s-au găsit decît două sute de cadavre, despre care nu se ştie ale cui sînt. E mult, fără îndoială, dar e de zece ori mai puţin decît morţii pe care i-au făcut bombardamentele NATO!

Sîntem departe, foarte departe de „purificarea etnică" şi de „genocidul" despre care ne vorbeau purtătorul de cuvînt al NATO, Jamie Shea, sau echivalentul lui întru bocete mediatice, Bernard-Henri Levy. (De altfel, aceşti domni sînt ei înşişi foarte departe de ceea ce se întîmplă în Tibet sau în Cecenia!)

În cele din urmă, sîntem reduşi la o cît se poate de neplăcută concluzie: dacă un noroc sinistru nu face ca experţii să găsească ceea ce caută – adică zeci de mii de cadavre de albanezi –, Alianţa atlantică va fi nevoită să recunoască faptul că a dezlănţuit şi purtat un război injust în numele unei

---

[2] Spre disperarea autorităţilor din diverse ţări, Kosovo este, în momentul acesta, singurul stat mafiot din Europa.

organizaţii pe care ea însăşi o califica recent drept marxist-teroristă! Şi că, acţionînd astfel, a aprins fitilul unei bombe ce riscă să-i explodeze în mîini.

Proaste auspicii pentru viitorul şi aşa nebuloasei „noi ordini internaţionale”…

# UMBRA TRECUTULUI

## Polonia

Cu o întîrziere de zece ani, o sută de parlamentari proveniți din sindicatul Solidarnosc au propus un proiect de lege a lustrației care, potrivit modelului ceh, interzicea foștilor oficiali comuniști să ocupe funcții publice pentru o perioadă de zece ani, îngăduindu-le, totuși, să candideze la alegeri.

O inițiativă care a displăcut Uniunii pentru Libertate – parteneră de guvernare cu Solidamosc – și, evident, deputaților comuniști. Proiectul a fost, deci, respins de Sejm (camera joasă a Parlamentului polonez).

Surpriza o provoacă însă chiar Lech Walesa, care consideră că o astfel de măsură ar fi excesivă. La rîndul său, Adam Michnik a calificat proiectul de lege ca fiind „o certitudine profund nedemocratică potrivit căreia libertatea nu aparține decît adepților partidelor înrădăcinate în Solidarnosc". (Amintim că, acum cinci ani, la Sofia, Adam Michnik a apostrofat vehement pe participanții la o manifestație anticomunistă, spunîndu-le că acțiunea lor se înrudește cu fascismul!)

În faţa refuzului de a adopta proiectul de lege, un deputat „fost" comunist a exclamat: „Este triumful raţiunii în faţa spiritului partizan." Şi a adăugat: „Comunismul este o parte a istoriei noastre şi nu-l putem şterge cu buretele." Fără îndoială, istoria nu poate fi anulată, dar crimele trebuie să fie pedepsite, iar complicii criminalilor pot fi îndepărtaţi din viaţa publică.

„E ultima noastră şansă de a tăia cordonul ombilical care leagă încă Polonia democratică de statul totalitar şi colaboraţionist care a fost Polonia comunistă", explicase deputatul Mariusz Kaminski, membru al Solidarnosc, cînd a prezentat proiectul de lege. În zadar…

## Republica Cehă

Pentru prima dată după 1989, Partidul comunist din Republica Cehă (KSCM) se află pe primul loc în sondajele de opinie, cu 23% din intenţiile de vot. Partidul democrat civic, condus de fostul prim-ministru liberal Vaclav Klaus, obţine 21%, iar Partidul social-democrat al actualului prim-ministru Milos Zeman nu obţine decît 17,5%.

Fragilitatea echilibrului politic (ţara este condusă de un guvern minoritar) şi dificultăţile economice crescînde l-au făcut pe Vaclav Klaus să propună formarea unei „super-coaliţii" din care Partidul comunist să nu facă parte şi care să dea naştere unui guvern dispunînd de o majoritate solidă. La rîndul său, preşedintele Havel a declarat că doreşte crearea unui guvern care să se bucure de sprijinul majorităţii parlamentarilor.

Recesiunea pe care o traversează Cehia, frustrarea pricinuită de pierderea Slovaciei, nemulţumirea din ce în ce mai mare faţă de decizia aderării la Uniunea Europeană şi NATO sînt principalele elemente prin care se explică scorul Partidului comunist. Cehii – care, oricum, nu erau entuziasmaţi de perspectiva intrării în Alianţa atlantică – au fost extrem de neplăcut surprinşi cînd, în primăvara acestui an, primul efect al admiterii ţării lor în NATO a fost obligaţia de a deschide spaţiul aerian avioanelor care bombardau Serbia – o altă ţară slavă. Partidul comunist, opus influenţei americane şi germane în Europa centrală, va profita de creşterea reprezentării sale parlamentare pentru a-şi impune punctul de vedere în elaborarea legilor care reglementează legăturile cu Occidentul. Relaţiile Cehiei cu NATO riscă astfel să se complice, cu atît mai mult cu cît şi alte partide, în încercarea de a cîştiga noi alegători, ar putea adopta punctul de vedere comunist.

15 noiembrie 1999



# CONCEPTE IGNORATE

Există în cultura politică occidentală două concepte pe care oamenii publici din România – oricît de atotştiutori s-ar crede ei – le ignoră cu desăvîrşire, fie pentru că n-au izbutit să le asimileze, fie, pur şi simplu, pentru că nu au vrut…

Primul dintre aceste concepte este acela de *interes superior al naţiunii*. El cuprinde, în laconica sa formulare, destinul ţării şi binele poporului. În faţa lui trebuie să pălească orice alte interese – de partid sau personale. Omul politic e menit să i se dăruiască pe deplin şi să-l slujească cu religiozitate. Nimeni nu se poate pretinde om de stat dacă nu se supune acestui principiu. Supunere reală, trăită ca atare zi după zi, şi nu doar proclamată cu emfază de la diversele tribune electorale.

Cu cîţiva ani în urmă, Regele Mihai – căruia acum, într-un acces de bicisnicie, i se contestă pînă şi calitatea de şef al statului – îmi spunea cu imensă simplitate (citez din memorie): „Orice se poate discuta, dar soarta ţării şi a poporului se află deasupra oricărei discuţii".

Cîţi dintre politicienii noştri simt în felul acesta? Cîţi aşează interesul superior al naţiunii deasupra măruntelor calcule personale?

Acum doi ani, în cadrul unui discurs ce poate fi reţinut ca referinţă a neîmplinirii, preşedintele Constantinescu se lamenta: „Am cîştigat alegerile, dar nu am cucerit puterea." Afirmaţie esenţială şi pentru evoluţia actualului regim şi pentru cariera d-lui Constantinescu. În acea clipă, în faţa preşedintelui, se deschideau două posibilităţi. El ar fi putut atunci să acţioneze ca un adevărat om de stat, definind limpede forţele care se opun preluării puterii de către guvernanţii aleşi prin voinţa poporului, şi pornind lupta împotriva acestor forţe. Adică lupta pentru interesul superior al naţiunii. Desigur, această opţiune implică riscuri electorale, iar, pentru a le asuma, dl Constantinescu ar fi trebuit să facă dovada unui mare spirit de sacrificiu politic.

El a preferat cealaltă cale: acceptarea tăcută a unei situaţii inacceptabile. Cu alte cuvinte, după ce a mărturisit că ocîrmuirea din România nu deţine puterea efectivă (sinceritate, de altfel, catastrofală pentru faimoasa „imagine" a ţării), preşedintele nu a făcut nimic pentru a schimba această deplorabilă stare de lucruri. Aşadar, ţara continuă să fie condusă de grupuri din umbră, iar echipa Constantinescu-CDR se pregăteşte să ceară alegătorilor un nou mandat. Dar pentru ce? Pentru a continua să nu aibă puterea?…

Forţele oculte folosind, evident, ţara în propriul lor interes, iar guvernanţii fiind lipsiţi de putere, ne putem întreba, în mod legitim: cine apără interesul superior al naţiunii? Întrebare fără răspuns.

Al doilea concept pe care am omis să-l „importăm" este cel al *marilor servitori ai statului*. Dincolo de opţiuni politice şi de alternanţe electorale, ei asigură continuitatea instituţiilor şi buna lor funcţionare. Într-un spirit de fidelitate şi echitate, ei aplică legea şi materializează politica regimului.

În şase ani de guvernare CPUN, FSN şi PDSR, aparatul de stat a fost împînzit cu o masă de personaje îndoielnice care sînt exact contrariul a ceea ce ar trebui să fie. Incapabili, aserviţi diverselor grupuri de interese, corupţi, indiferenţi faţă de soarta ţării – ei practică, mai mult sau mai puţin conştient, o formă permanentă de sabotaj. Din exemplele pe care presa le scoate zilnic la iveală s-ar putea alcătui volume întregi.

Desigur, după 1996 lucrurile s-ar fi putut schimba, măcar în parte. Dar…

…În primul rînd, s-a dovedit atunci că noua putere, de-a lungul celor şase ani petrecuţi în opoziţie, uitase să-şi formeze cadre competente. (Revine întrebarea, devenită ridicolă: Unde sînt, totuşi, cei „15 000 de specialişti"?) Aşa stînd lucrurile, noii guvernanţi s-au resemnat – dacă nu cumva o fi vorba de altceva decît de resemnare – să continuie a se folosi de „specialiştii" moşteniţi de la PDSR. Ba chiar (în cazul ambasadelor, de pildă) aşa-zisa lor competenţă a fost trîmbiţată şi apărată cu străşnicie.

Astfel, cei a căror nepricepere am criticat-o vreme de şase ani au devenit, dintr-o dată, de neînlocuit. Schimbarea avea, deci, să fie făcută (sau nu…) de oameni vechi. Mai mult: lăsaţi în funcţiile importante ale administraţiei, li se dădea posibilitatea să-şi recruteze colaboratorii şi urmaşii după propriile lor criterii. „Statul PDSR" supravieţuia, era chiar încurajat, iar regimul actual se auto-condamna să nu-i fie decît o anexă temporară.

Decizie păguboasă de care luam cunoştiinţă încă din ianuarie 1997, în cursul unei convorbiri cu dna Zoe Petre, prim-consilier prezidenţial. Decizie inexplicabilă dacă ne gîndim la faptul că în orice ţară – Statele Unite fiind exemplul cel mai concludent în acest domeniu – schimbările de majoritate implică schimbări masive în administraţie.

Ilogică încrucişare a două discursuri contradictorii ce revin fără încetare: „Nu avem oameni", ni se spune pentru a se justifica menţinerea în funcţii a unor personaje lipsite de orice calităţi. „Avem oameni excepţional de bine pregătiţi", auzim aproape în acelaşi timp, într-o încercare derizorie de a contrazice realitatea tangibilă.

Iar în timpul acestei sterile dezbateri, ţara e redusă, an după an şi lună după lună, la o supravieţuire haotică.

A lăsa speranţa să se transforme în disperare e nu numai o greşeală politică iremediabilă. Este, în plus, un atentat împotriva interesului superior al naţiunii.

# BRAŞOV:
# INCREDIBILA ANIVERSARE

În noiembrie 1997, revolta muncitorilor de la uzina de camioane din Braşov zguduia regimul lui Ceauşescu şi dădea Occidentului o ultimă dovadă – căci, din păcate, era încă nevoie de dovezi! – a absenţei oricărei baze populare a acestui regim. Primăria era luată cu asalt, arhivele erau arse şi, moment culminant al zilei, fotografia în flăcări a „Conducătorului" zbura pe un geam pentru a termina să se consume pe caldarîm.

A urmat o represiune sălbatică – unii dintre responsabilii ororilor de atunci ocupînd şi azi funcţii în aparatul poliţienesc.

În noiembrie 1999, muncitorii de la uzina de camioane din Braşov au ieşit din nou în stradă, au asediat şi distrus prefectura, au bătut jandarmi şi ziarişti. Un moment culminant al zilei a existat şi de data asta, dar el e aproape de necrezut. Scoasă din cine ştie ce loc de taină unde fusese păstrată (dar de ce?) vreme de 12 ani, manifestanţii au adus emblema reprezentînd secera şi ciocanul – aceeaşi pe care o smulseseră de pe zidul Primăriei în 1987 – şi au încercat s-o fixeze pe faţada Prefecturii.

Teribil paradox, amintindu-l pe cel al minerilor care, la 13 ani după ce-l huiduiseră pe Ceauşescu la Lupeni, atrăgîndu-şi întreaga violenţă a sistemului, dar cîştigînd un statut eroic, se dezlănţuiau împotriva bucureştenilor, distrugînd şi omorînd.

Oare a reuşit regimul comunist să înlocuiască pe toţi minerii şi pe toţi muncitorii de la uzina de camioane din Braşov cu oameni care i-au rămas pînă azi fideli? Oare cele întîmplate (sau ne-întîmplate) în ultimii zece ani au reuşit să trezească îngrijorătoare reflexe comuniste?

…Lipsa răspunsului face parte din paradox.

# RUSIA-NATO:
# PACE CALDĂ

Încă de la declanşarea războiului împotriva Iugoslaviei, în martie 1999, Moscova a anunţat, în termeni duri, „îngheţarea" relaţiilor cu NATO. De atunci – în ciuda faptului că Rusia a fost *rugată* să participe la negocierile cu Belgradul – situaţia nu a evoluat. În orice caz, nu pe un plan vizibil.

După 1990, cînd administraţia de la Washington a decis să înceapă procesul de lărgire a Alianţei atlantice către Estul Europei – o decizie contestată nu numai de mulţi oameni politici americani, ci şi de o majoritate a responsabililor militari (ale căror argumente au fost, din păcate, prea puţin cunoscute în Europa) –, Rusia a manifestat o iritare care trebuia calmată într-un fel sau într-altul. S-a hotărît, aşadar, să i se ofere o poziţie privilegiată în structurile Alianţei, o poziţie de „observator activ" care, dacă nu-i dădea dreptul să se opună hotărîrilor NATO, îi îngăduia cel puţin să le discute şi, eventual, să-şi şantajeze noii parteneri.

Este exact ce s-a întîmplat în luna martie: în ciuda aparenţelor, suspendarea relaţiilor Rusia-NATO a avut un efect psihologic negativ, chiar dacă nu imediat perceptibil, asupra

Alianţei atlantice şi i-a impus acesteia anumite precauţii în desfăşurarea operaţiunilor militare asupra Iugoslaviei.

Imediat după încetarea războiului, manevrele discrete ale Occidentului, vizînd reluarea relaţiilor „normale" cu Rusia în cadrul NATO, au rămas fără efect. În decursul ultimei luni, însă, Moscova a emis o serie de semnale despre care cu greu s-ar putea spune că sînt euforizante.

La jumătatea lui octombrie, purtătorul de cuvînt al ministerului rus de externe afirma: „În momentul de faţă, în conformitate cu directivele preşedintelui Boris Elţîn, relaţiile dintre Rusia şi NATO sînt suspendate, iar poziţia noastră nu s-a schimbat. [...] Poziţia noastră faţă de Alianţă va fi adoptată în funcţie de actele sale concrete, pentru a vedea dacă, în vederea reglementării problemelor globale ale securităţii europene şi internaţionale, sînt luate în considerare interesele Rusiei." Cu alte cuvinte, Moscova relansează, voalat, chestiunea zonelor de influenţă şi cere să împartă cu NATO (adică, în fond, cu Statele Unite) rolul de jandarm planetar.

Igor lvanov, ministrul afacerilor externe al Rusiei, devine şi mai explicit cînd cere adoptarea unei carte privind securitatea europeană ca „punct de plecare" pentru relansarea relaţiilor cu Alianţa atlantică. El speră că această cartă ar putea fi adoptată la reuniunea de la Istanbul a Organizaţiei pentru Securitate şi Cooperare în Europa (18-19 noiembrie), creindu-se astfel „condiţiile reluării relaţiilor cu NATO în domeniile unde colaborarea dintre noi răspunde unor interese comune". Ceea ce, în realitate, este o *condiţie* formulată în mod diplomatic.

Statul Major al armatei ruse exprimă situaţia în termeni mult mai limpezi: „În primul rînd, Rusia trebuie să aprecieze evoluţia situaţiei politico-militare *în lume* [sublinierea mea] de pe o poziţie de egalitate cu NATO. În al doilea rînd, noi trebuie să participăm la luarea deciziilor pentru a neutraliza

şi a preveni crizele. În al treilea rînd, Rusia trebuie să parti-
cipe la aplicarea deciziilor."

Fără îndoială, toate aceste declaraţii nu sînt simple absur-
dităţi, ci, mai degrabă, reacţii la diverse iniţiative occidentale
de apropiere. Şi, probabil, conţinutul lor este deja obiectul
unor negocieri. Dar toate acestea tind să dovedească fie că
Vestul se simte singur în rolul de jandarm planetar, fie că
Rusia nu e o putere chiar atît de neglijabilă pe cît ni se spune.

1 decembrie 1999

*Editorial*

# AL DOISPREZECELEA CEAS

Acum douăzeci de ani, o sumedenie de personalităţi ilustre ale vieţii culturale româneşti din ţară şi din exil – cunoscute, de altfel, pentru angajamentul lor anti-comunist – spuneau despre Ceauşescu: „Are multe defecte, dar, slavă Domnului, e bun român!" Nenorocirile care au urmat şi mutilarea durabilă a poporului infirmă, desigur, această aserţiune. Dar încăpăţînarea cu care ea a fost răspîndită ne atrage atenţia asupra uneia din metehnele constante ale românilor: aceea de a judeca după intenţii şi nu după fapte. Meteahnă cu atît mai gravă cu cît, adesea, interesatul însuşi e departe de a revendica intenţiile pe care i le atribuie, pur şi simplu, imaginarul colectiv.

În felul acesta, nu izbutim decît să înmulţim eşecurile şi decepţiile.

Fără îndoială, comparaţia cu actuala situaţie din România este inconfortabilă, dar, în acelaşi timp, greu de evitat. În principiu, nu mai sîntem nici în regim comunist, nici „post-comunist". Dar, de zece ani, evoluăm la limita dezastrului şi, de zece ani, ne agăţăm de colaci de salvare care se dovedesc, mult prea repede, a fi găuriţi. Prudenţa în aprecieri e prost văzută în România. Cutare sau cutare demnitar stîrneşte un entuziasm grăbit în momentul numirii sale: „Ăsta o să rezolve toate problemele." Apoi, lunile trec, problemele rămîn nerezolvate, şi singurul lucru la care ne mai putem aştepta e, uneori, o declaraţie de neputiinţă din partea personajului în cauză. Atunci, consecvenţi cu noi înşine, îi aclamăm sinceritatea şi ne consolăm cu gîndul că „altul ar fi fost poate şi mai rău". Şi continuăm să batem pasul pe loc.

Cu acest calcul strîmb intrăm în campania electorală, forţîndu-ne să uităm ceea ce ar fi trebuit să ne preocupe încă de acum trei ani.

În ziua de 3 noiembrie 1996, alegătorii români au acordat 30,7% din voturile lor Convenţiei Democrate Române şi 28,2% lui Emil Constantinescu. Rezultate proaste, care au fost „corectate" prin aberanta alianţă cu partidul lui Petre Roman. Numai în felul acesta s-a putut obţine o majoritate relativă (şi, în plus, şubredă) în Parlament; numai în felul acesta a putut fi ales preşedintele.

Pornind de la aceste rezultate – şi ştiind totuşi că exerciţiul puterii, mai ales atunci cînd rezultatele sînt mediocre, uzează aproape întotdeauna capitalul electoral al politicienilor – cum se explică faptul că CDR nu a prevăzut nici o altă alternativă? Chiar se speră că, după patru ani de guvernare care au transformat multe iluzii în decepţii, rezultatele alegerilor vor fi mai bune decît în 1996? Şi, dacă nu, ce alte alianţe neviabile se prevăd pentru toamna lui 2000, capabile să compenseze cifrele prevăzute de sondaje?

Mulţi, e drept, nu cred în sondaje. Sigur că ele pot fi manipulate, sigur, de asemeni, că pot conţine erori. Totuşi, cele de la sfîrşitul primăverii au fost considerate la Cotroceni ca fiabile, iar Emil Constantinescu şi-a chemat de urgenţă prietenii politici pentru a căuta împreună soluţii. În măsura în care din acel conclav nu a reieşit decît ideea că trebuie să se continuie aceeaşi politică făcută de aceiaşi oameni, rezultatul nu poate fi încurajator. Nimeni nu are darul să prevadă viitorul şi nimeni nu poate anticipa atitudinea alegătorilor. Dar, în situaţia actuală a României, soluţia continuităţii – echivalentă cu „încremenirea în proiect" definită de Gabriel Liiceanu – comportă un factor major de risc. Şi, tocmai pentru că situaţia României este aşa cum este, nu avem dreptul să ne asumăm un asemenea risc.

Argumentele care sînt folosite pentru a justifica această „încremenire" a clasei politice ne întorc cu douăzeci de ani în urmă. Despre Emil Constantinescu, de pildă, nu se spune că „e un bun preşedinte", dar se pretinde, în schimb, că „nu avem altul mai bun". Nu se spune: „merită să rămînă la putere", ci: „măcar nu e de stînga". Teribilă şi păgubitoare logică a resemnării!

Ni se spune, de asemeni, că trebuie făcut orice pentru a evita revenirea la putere a lui Ion Iliescu. Fireşte! Dar opţiunea alegătorilor e condiţionată de acţiunea guvernanţilor. O victorie electorală se construieşte prin succese palpabile, nu prin înnoirea promisiunilor nerespectate. Guvernanţii noştri nu par, însă, convinşi de acest lucru. Pentru moment, hotărîrea CDR de a se prezenta la alegeri în aceeaşi formaţie riscă să-l favorizeze tocmai pe Ion Iliescu!

Potrivit ultimului sondaj, Emil Constantinescu e devansat şi de fostul preşedinte şi de Teodor Meleşcanu. Dacă această tendinţă se menţine, şeful statului riscă să nu ajungă nici măcar în al doilea tur. Totodată, PDSR ar putea obţine majoritatea absolută în Parlament. Cum ar explica „strategii" CDR o asemenea înfrîngere? Denunţînd din nou o fraudă electorală imposibil de dovedit (căci, probabil, ireală)?

Ceea ce ne interesează – sau ar trebui să ne intereseze – pe toţi nu este cariera politică a unuia sau altuia, ci binele ţării. În acest sens, actuala guvernare a făcut foarte puţin. Fie din incapacitate, fie pentru că nu a fost în stare să dobîndească o victorie limpede în 1996. Oricare dintre aceste explicaţii se poate transforma în motiv de eşec anul viitor. Şi amîndouă pledează în favoarea unei idei simple: spre binele ţării, Convenţia Democrată trebuie să ia decizia, în acest al doisprezecelea ceas, să se prezinte în faţa alegătorilor cu oameni noi – şi, în primul rînd, cu un alt candidat pentru funcţia de preşedinte.

Timpul care a rămas pînă la alegeri e suficient pentru a opera această împrospătare. Cît despre argumentul potrivit căruia „nu avem alţii mai buni", el riscă, dacă e invocat prea des, să devină jignitor pentru poporul român.

# APĂRAREA EUROPEANĂ – O VECHE OBSESIE A RUSIEI

Prima dintre calităţile Rusiei este aceea de a şti să transforme adversitatea în învăţătură. A doua este tenacitatea. De-a lungul secolelor, aceste daruri s-au dovedit de o extremă utilitate în procesul de extindere şi consolidare a imperiului.

În 1917, după lovitura de stat bolşevică, Occidentul – pe atunci încă temător în faţa fenomenului comunist – a hotărît să izoleze nou-născuta Uniune Sovietică printr-un „cordon sanitar", care, de altfel, nu a împiedicat-o să-şi propage ideologia cu o uimitoare viteză şi eficacitate. Încercuirea, însă, nu putea fi pe gustul strategilor de la Moscova. Pentru a se feri, în viitor, de astfel de situaţii neplăcute, ei au imaginat conceptul de „sistem comun de apărare europeană" – sau, cu alte cuvinte, o coaliţie continentală în cadrul căreia animozităţile să devină alianţe. Această idee apare pentru prima oară în documentele Cominternului din 1920! De atunci, Moscova n-a încetat niciodată să se agite pentru atingerea acestui obiectiv.

În anii '30, Uniunea Sovietică a folosit din plin releul partidelor comuniste occidentale pentru a populariza acest concept. În 1954, în cadrul Conferinţei cvadripartite de la Berlin, delegaţia sovietică a pledat în favoarea „sistemului comun de apărare". La sfîrşitul anilor '60, a fost promovat – în bună măsură prin intermediul „independentului" Ceauşescu – planul unei structuri pan-europene, un fel de ONU la scară redusă, care, la un moment dat, urma să joace şi un rol militar. Aşa s-a ajuns la Conferinţa de la Helsinki (1975), din care s-a născut actuala Organizaţie pentru Securitate şi Cooperare în Europa (OSCE). La începutul lui 1990, Uniunea Sovietică a propus desfiinţarea NATO şi a Pactului de la Varşovia, şi înlocuirea lor cu un organism continental de decizie politică dotat cu atribuţii militare.

Răspunsurile occidentale s-au lăsat, e drept, aşteptate, dar – măcar în parte – au sfîrşit prin a veni. Şi ele nu erau cu totul negative.

În ciuda opiniei exprimate de foarte mulţi analişti, Conferinţa de la Helsinki a fost o mare victorie diplomatică şi politică a Moscovei. În primul rînd, pentru că ea a reuşit să obţină ca această Conferinţă să fie organizată, lăsîndu-le occidentalilor impresia că a fost exclusiv iniţiativa lor. În al doilea rînd, pentru că Uniunea Sovietică obţinea, în sfîrşit, o recunoaştere a frontierelor europene rezultate din împărţirea zonelor de influenţă. Şi, în al treilea rînd, pentru că, în lipsa oricăror măsuri coercitive, faimosul capitol referitor la drepturile omului, pe care occidentalii l-au „impus", nu a fost niciodată respectat. În mijlocul entuziasmului general stîrnit de semnarea Actului Final de la Helsinki, Eugène Ionesco publica o analiză în care arăta că Vestul se lăsase păcălit o dată în plus.

În noiembrie 1990, prin „Carta de la Paris", Conferinţa pentru Securitate şi Cooperare în Europa accepta implicit să devină încarnarea faimoasei „case comune europene" – concept tulbure, lansat de Brejnev (!) în 1981 şi promovat de Gorbaciov după 1985. Cuprins de euforia momentului şi uitînd realităţile geopolitice, secretarul de Stat american, James Baker, făcea apologia unui *spaţiu european unit, de la Vancouver pînă la Vladivostok* (sic!).

La începutul lui 1992, din corpul NATO lua naştere, în semn de mulţumire pentru desfiinţarea Pactului de la Varşovia, Consiliul de Cooperare Nord Atlantică (COCONA) care includea toate statele membre ale sistemului Helsinki (printre care toate republicile ex-sovietice) şi răspundea vechii dorinţi a Moscovei de a transforma alianţele militare în forum de discuţii politice. „Partenariatul pentru pace" avea să continuie în aceeaşi direcţie.

În 1992, celebrul Tratat de la Maastricht decidea: „Obiectivele politicii externe şi de securitate comune sînt: [...] menţinerea păcii şi întărirea securităţii internaţionale, în conformitate cu principiile Cartei Naţiunilor Unite, cu principiile Actului Final de la Helsinki şi cu obiectivele Cartei de la Paris." (Titlul 5, art. J.1). Incluzînd sistemul Helsinki în tratatul fondator al Uniunii Europene – şi anume în capitolul consacrat politicii externe şi de *securitate* – se crea *obligaţia* includerii Rusiei în mecanismele de apărare a continentului. Cu alte cuvinte, se răspundea favorabil cererii formulate de ea timp de 70 de ani!

De-a lungul anilor '90, NATO deschide Rusiei din ce în ce mai multe uşi, acordîndui un statut privilegiat de asociere. Ţările din Europa centrală şi răsăriteană care aspirau să adere la Alianţa atlantică pentru a se feri de eventualele pofte expansioniste ale Rusiei se văd precedate de ea şi constată cu amărăciune că Moscova are un cuvînt mai greu decît Varşovia, Budapesta sau Praga... În virtutea acestui statut, de-a lungul întregii intervenţii în Iugoslavia majoritatea ţărilor NATO au *rugat* Rusia să joace rolul de mediator. Şi faptul că Moscova a decis, cu aceeaşi ocazie, să „îngheţe" relaţiile cu NATO a fost – şi este în continuare – foarte prost primit de către occidentali.

Am reuşit, aşadar, de-a lungul acestor ani, să refacem imaginea de mare putere a Rusiei şi chiar să ne-o facm indispensabilă. În asemenea măsură încît, acum, Occidentul finanţează indirect războiul din Cecenia (rapoartele asupra folosirii banilor FMI în scopuri militare se înmulţesc) şi acceptă – în ciuda unor gesticulaţii sterile – masacrele la care se dedă Armata roşie (căci tot acesta îi este numele, tot drapelul roşu îl foloseşte, şi tot apelativul „tovarăş" este cel oficial!). „Problema cecenă este o problemă internă a Rusiei", declara zilele trecute, satisfăcut, un oficial occidental. Comparaţia cu Iugoslavia nici nu mai merită să fie făcută…

La jumătatea lui octombrie, Uniunea Europeană a invitat la Helsinki, pentru consultări, pe primul ministru rus. „Partenariatul dintre Federaţia Rusă şi Uniunea Europeană, a spus el cu această ocazie, ar putea include organizarea unui sistem de securitate pan-european bazat pe forţe europene, un sistem care nu ar izola Statele Unite şi NATO, dar care nu le-ar acorda un monopol asupra acestui continent." Nimeni, dintre cei prezenţi, nu a protestat. Dimpotrivă. Propunerea rusească e considerată ca perfect normală şi se studiază modalităţile punerii ei în practică.

Visul Rusiei, început în 1920, e pe punctul să devină realitate. Perseverenţa şi răbdarea îi sînt răsplătite. Cine spunea că „timpul e în favoarea Rusiei"?…

# RUSIA-CHINA:
# FRĂŢIE DE ARME

De ani de zile, analiştii politici încearcă să înţeleagă adevărata natură a relaţiilor dintre Rusia şi China. Unii contestă realitatea rupturii dintre cele două ţări, explicînd că ea ar fi tăcut parte din jocul de amăgire a Occidentului. Alţii susţin că între cei doi giganţi a existat mai mult decît o simplă animozitate ideologică şi că, la un moment dat, războiul între ei părea inevitabil. Deşi prima ipoteză pare a fi mai apropiată de tactica sistemului comunist, va mai trece multă vreme pînă să aflăm, eventual, adevărul.

Ceea ce e sigur, este că atît China cît şi Rusia au convins Occidentul să accepte o reformă limitată, un surogat curios ale cărui nume sînt fie *socialismul de piaţă*, fie *capitalismul de stat*.

Şi tot atît de sigur este faptul că, între cele două ţări, se dezvoltă în momentul de faţă o colaborare militară care poate (sau ar trebui) să îngrijoreze cancelariile occidentale.

Astfel, firma rusească „Sukhoi" a început să construiască un lot de avioane de vînătoare Su-30MK destinate Chinei şi concepute în conformitate cu specificaţiile aviaţiei chineze. Pe de altă parte, şeful flotei militare a Rusiei s-a întîlnit în luna octombrie cu omologul său chinez pentru a discuta principiile unei cooperări tehnice şi militare. Pe 18 octombrie, Iuri Koptev, directorul Agenţiei spaţiale a Rusiei a anunţat că ţara sa va ajuta China să ducă la bun sfîrşit un prim zbor spaţial înainte de jumătatea anului viitor. În domeniul nuclear, Rusia ajută China să construiască centrala Tianwan, pe coasta de Est, ceea ce implică un important transfer de tehnologie utilizabilă în domeniul militar.

Dacă ruptura a existat cu adevărat, ea este nu numai depăşită, ci pare chiar să se transforme într-o alianţă anti-occidentală.

Statele Unite şi-au anunţat intenţia de a pune la punct un sistem de protecţie împotriva rachetelor nucleare – un fel de prelungire a faimosului proiect (supranumit „războiul stelelor") de pe vremea lui Reagan şi care nu s-a concretizat niciodată. Intenţia americană a provocat o mare enervare la Moscova, unde ea a fost interpretată ca o încălcare a tratatului din 1972 care reglementează sistemele de apărare anti-balistice.

Rusia şi-a unit, aşadar, forţele cu China pentru a depune la ONU un proiect de rezoluţie cerînd respectarea strictă a tratatului din 1972. Inutil a explicat administraţia de la Washington că noul sistem de apărare nu are nici o legătură cu Rusia, adăugînd cu o sinceritate alarmantă că el *„ar fi repede şi integral depăşit în cazul unui atac lansat de o mare putere nucleară cum este Rusia."* El nu s-ar dovedi util decît în cazul unui atac „foarte limitat provenind dintr-o ţară teroristă". Mai mult, potrivit cotidianului *The Washington Times*, Statele Unite ar fi propus Rusiei să o ajute să-şi construiască un sistem similar! Ministrul rus de externe nu a vrut nici măcar să comenteze o astfel de eventualitate...

...În schimb, citaţi de acelaşi cotidian, mai mulţi oficiali americani au declarat că percep proiectul ruso-chinez de rezoluţie ca fiind primul semn al unei alianţe anti-americane, bazată pe opoziţia celor două ţări faţă de recenta intervenţie militară occidentală în Iugoslavia.

O alianţă politico-militară, pe care, profitînd de indiferenţa generală, fostul prim ministru rus, Evgheni Primakov, a negociato în primăvara acestui an cu China, dar şi cu India. Şi care ar pune Vestul în faţa unui bloc compus din aproape trei miliarde de oameni…

15 decembrie 1999

*Editorial*

# ZECE ANI DE TĂCERE

Cît de îndepărtate par acele zile de euforie, acele zile cînd speranţele se înmulţeau fără nici o oprelişte cerîndu-şi dreptul de a se substitui suferinţelor, cînd frigul, întunericul şi mizeria păreau a fi trecut pentru totdeauna în domeniul viselor urîte!...

Au trecut, de atunci, zece ani. Şi, decembrie după decembrie, în loc de împliniri ni se oferă mereu aceleaşi promisiuni repede amînate. Ceremonii, discursuri, gesticulaţii – toate incapabile să suplinească revendicările întregii ţări.

Acum, din nou, România sărbătoreşte ceva ce nu a fost încă definit şi, în acelaşi timp, se întreabă sub ce nume să aşeze evenimentele acelor zile. Sigur că acela de revoluţie e cel mai plăcut auzului. Sigur că el are meritul de a pune în valoare întregul popor – deşi, în ciuda cifrelor triumfaliste, nici 10% din români n-au participat efectiv la cele întîmplate atunci. El are, însă, cusurul de a descrie altceva decît ceea ce a trăit România în decembrie 1989. O revoluţie nu e nici spontană, nici decisă de mase – ea este regizată de un număr (în general mic) de şefi, are un plan de acţiune şi un program. În România – lăsînd la o parte fabulaţiile celor care pretind că au complotat vreme de 20 de ani – nimic nu era pregătit, masa nu a avut (şi nici nu a produs) vreun şef, nu a existat nici un plan şi nici un program.

Cum putem accepta ideea că, în ţara unde domnea cea mai teribilă represiune, unde Securitatea şi Miliţia erau omniprezente şi omnipotente, au fost de ajuns cîteva zile de manifestaţii pentru ca dictatura să se prăbuşească, lăsînd impresia unei jalnice neputinţi? Cît de mare era capacitatea şi voinţa de represiune a puterii şi, prin comparaţie, ce forţă aveau cei care, între 21 şi 22 decembrie 1989, au umplut Piaţa Palatului? În lipsa armelor şi a unei strategii precise, ura nu ajunge pentru a răsturna un regim care e, el însuşi, violent şi gata la orice. Dacă strada ar avea un asemenea impact asupra guvernelor, atunci, în lumea întreagă, fiecare mare manifestaţie s-ar transforma în „revoluţie" şi regimurile s-ar schimba cu o viteză ameţitoare! Ce s-a întîmplat, de pildă, în Franţa, în mai 1968, cînd Parisul şi marile oraşe au fost asediate o lună întreagă, cînd luptele pe baricade au durat zile şi nopţi în şir? A căzut preşedintele? Nu. S-a produs o schimbare de regim? Nu. Exemplele de „revoluţii" fără consecinţe pot umple pagini întregi...

Amintirea zilelor de 21 şi 22 decembrie 1989 ne pune în faţa unei dileme foarte puţin confortabile. Pe de o parte, avem teza „oficială" care susţine, în fond, că regimul lui Ceauşescu, cu Securitate cu tot, s-a prăbuşit ca urmare a huiduielilor şi înjurăturilor masei de manifestanţi neînarmaţi – ceea ce presupune că acest regim nu era nici pe departe atît de solid şi represiv cum îl credeam. O presupunere inacceptabilă pentru că ea elimină orice argument care să justifice longevitatea lui Ceauşescu şi teama în care au trăit românii vreme de decenii... Dacă „geniul Carpaţilor" era atît de sensibil la huiduieli, cum de n-a abandonat puterea, de exemplu, în 1977, în faţa minerilor din Valea Jiului? Sau în 1987, cînd muncitorii de la Braşov şi-au arătat ura fără nici un menajament? Pe de altă parte, rămîne cealaltă explicaţie – mult mai logică, dar, evident, mai puţin glorioasă –, potrivit căreia puterea dictatorului a fost săpată din interior, în timp ce manifestaţia era tolerată pentru a legitima prăbuşirea regimului. Faptul că s-a tras în mulţime nu contrazice această teză. Dimpotrivă. Morţii de dinainte de 22 decembrie (de altfel, mai puţin numeroşi decît cei de după această dată) erau necesari conspiratorilor pentru a compromite definitiv în ochii opiniei publice internaţionale imaginea – şi aşa detestabilă – a lui Ceauşescu, dar şi pentru a acredita ideea că asistam la mult mai mult decît la o simplă manifestaţie. Dacă s-ar fi vrut, numărul morţilor ar fi putut fi incomparabil mai mare. În spaţiul închis al Pieţii Palatului, cîteva rafale de mitralieră ar fi făcut ravagii. Dacă s-ar fi vrut, s-ar fi lansat în acelaşi spaţiu închis suficiente grenade lacrimogene pentru a-i neutraliza şi împrăştia pe cei prezenţi…

…Dar aceste ordine n-au fost date pentru că, în dimineaţa zilei de 22 decembrie, toate elementele constitutive ale puterii încetaseră să mai reacţioneze. Schimbarea regimului începuse. Chiar dacă se mai afla într-o relativă stare de libertate, Ceauşescu pierduse puterea cu cel puţin 24 de ore mai devreme.

În spaţiul cuprins între Berlin şi Sofia, de două luni încoace, s-a aniversat dispariţia regimurilor comuniste. Dar România a rămas singura care – de la preşedinte pînă la omul de pe stradă – mai vorbeşte despre o „revoluţie”. Singura unde „lupta pentru adevăr” este evocată sistematic, deşi toată lumea ştie că nimeni nu caută adevărul pentru simplul motiv că nimeni nu e dispus să-l accepte. Dar oare de ce? Vaclav Havel care a afirmat public faptul că răsturnarea regimului comunist în Cehoslovacia a fost opera KGB-ului îşi va fi văzut legitimitatea sau autoritatea ciuntite prin acest act de sinceritate? De loc. Atunci de ce ţinem morţiş în România să ne credem altfel? Dintr-o întrebare sterilă în alta, dintr-o ambiguitate în alta, aniversăm mereu ceva ce a fost altceva, bătînd pasul pe loc. Iar cei care tac îşi asumă cu uşurinţă riscul enorm de a încerca să construiască viitorul pe nisipul mişcător al unui trecut falsificat.

# REMANIEREA GUVERNAMENTALĂ: MULT ZGOMOT PENTRU NIMIC

De la începutul lunii noiembrie se vorbea la Bucureşti despre o remaniere guvernamentală ce urma să aibă loc imediat după reuniunea europeană de la Helsinki. Observatorul ar fi putut să creadă că guvernanţii erau atît de siguri de eşecul pe care aveau să-l înregistreze în Finlanda, încît prevedeau „pedepsirea" responsabillilor.

Raţionamentul ar fi fost valabil dacă, la Bucureşti, prin remaniere s-ar fi înţeles ceea ce acest cuvînt înseamnă de obicei. Dar, la Bucureşti, în cazul de faţă, „remaniere" însemna „descotorosirea de Radu Vasile". Al doilea sens dîmboviţean al „remanierii" pare a fi acela de „bîlci".

În dimineaţa zilei de 13 decembrie, la iniţiativa preşedintelui Constantinescu, se hotărăşte înlocuirea lui Radu Vasile în funcţia de prim-ministru. Foarte repede, însă, preşedinţia şi conducerea PNŢCD realizează că, potrivit Constituţiei, demiterea primului-ministru este o decizie ce nu poate fi luată decît în Parlament.

*Prima remarcă ce se impune este aceea că şeful statului şi principalul partid de guvemămînt s-au lansat într-o acţiune ignorînd calea legală ce trebuia urmată pentru ducerea ei la bun sfîrşit!*

În după-amiaza aceleiaşi zile, conducerile PNŢCD şi PNL cer miniştrilor lor să-şi prezinte demisiile. Cu alte cuvinte, se crează în mod artificial o criză guvernamentală al cărei scop este să-l determine pe Radu Vasile să-şi prezinte demisia. Primul-ministru se cramponează de textul Constituţiei şi refuză să-şi părăsească funcţia.

În noaptea de 13 spre 14 decembrie, preşedintele Constantinescu semnează un decret neconstituţional de revocare a lui Radu Vasile şi numeşte ca prim-ministru interimar pe Alexandru Athanasiu. Se crează astfel o situaţie fără precedent: România are doi prim-miniştri şi două jumătăţi de guverne: demisionarii care îl urmează pe dl Athanasiu şi cei care consideră că Radu Vasile continuă să fie primul ministru legal al ţării. Printre aceştia din urmă se află şi miniştrii PD care nu şi-au prezentat demisiile împreună cu colegii lor.

Consultaţi asupra spinoasei probleme a demiterii lui Radu Vasile, dnii Iorgovan (PDSR) şi Turianu (PNŢCD) afrrmă că acţiunea lui Emil Constantinescu este neconstituţională. O parte din clasa politică – şi în special PDSR – se solidarizează cu dl Vasile, iar acesta din urmă decide să deschidă o acţiune juridică pentru anularea decretului de revocare.

Atît Victor Ciorbea, cît şi Radu Vasile – deşi e greu de bănuit existenţa vreunei simpatii între cei doi – califică cele întîmplate drept o „lovitură de palat".

Între timp, Emil Constantinescu începe o serie de consultări cu partidele guvernamentale şi cele din opoziţie în vederea căutării unei soluţii pentru ieşirea din criză.

*În acest punct, o a doua remarcă se impune: Emil Constantinescu a declanşat o criză majoră fără a şti cum să iasă din ea şi, în mod evident, fără a avea o idee precisă în legătură cu persoana care urma să-i succeadă lui Radu Vasile.*

Au fost de ajuns 24 de ore pentru ca viaţa publică românească să intre într-o stare de haos, dovedind o dată în plus amatorismul politicienilor noştri.

Din consultări în consultări (în timpul cărora presa a găsit cu cale să semnaleze ca pe un eveniment marcant o plimbare a preşedintelui Constantinescu pe bulevardul Magheru!), din ceartă în ceartă, Radu Vasile a fost convins să-şi depună demisia – singurul mod de ieşire din criză. Rămînea problema găsirii unui succesor. A fost evocat numele lui Mugur Isărescu, guvernatorul Băncii Naţionale a României. Un nume care – pentru a rezuma cele scrise în presa bucureşteană – a fost *propus* de Petre Roman şi *impus* de Ion Iliescu. Acesta din urmă, de altfel, a fost consultat de trei ori de către preşedinte în legătură cu evoluţia negocierilor.

Mugur Isărescu, născut în 1949, şi-a terminat studiile economice în 1971, după care a devenit cercetător la Institutul de economie mondială. (O instituţie purtînd acelaşi nume exista şi la Moscova, şi nu era decît o filială a KGB-ului.) În 1990, dl Isărescu a fost numit secretar de gradul II la Ambasada României la Washington, funcţie mai degrabă modestă din care a fost propulsat, în septembrie 1990, direct în postul de guvernator al Băncii Naţionale a României. O promovare pe cît de bruscă pe atît de ciudată…

Singura schimbare notabilă în echipa guvernamentală pe care o va conduce dl Isărescu este numirea lui Petre Roman în postul de vice-prim-ministru şi ministru de externe. (Ne putem întreba, în legătură cu aceasta, ce rol va juca de acum înainte celebrul spion Mihai Caraman, prieten şi consilier al d-lui Roman…)

Nici Radu Vasile nu a pierdut chiar tot în această operaţie. El şi-a regăsit, după două zile de suspendare, funcţia de secretar general al PNŢCD, unde, înconjurat de o echipă de fideli, va isprăvi probabil prin a provoca o sciziune. În plus, partidul d-lui Roman, în semn de răsplată pentru că a acceptat în cele din urmă să demisioneze, îi va ceda preşedinţia Senatului. Astfel, la numai o săptămînă după ce toată lumea vroia să scape de el, dl Vasile va deveni personajul al doilea al statului!

În ce priveşte alcătuirea guvernului, deşi Mugur Isărescu ceruse dreptul de a forma o echipă înnoită după propriile sale idei, regăsim în fruntea ministerelor aceiaşi oameni ca în lunile trecute. Ceea ce nu e nici pe departe un gaj de succes.

Multă lume a cîştigat mulţumită acestor zile de haos. Singurul care a pierdut – şi încă în mod grav – a fost Emil Constantinescu. El a dovedit că poate declanşa o criză care să ridiculizeze ţara în ochii străinătăţii, dar că nu ştie nici s-o gereze, nici să iasă din ea fără „ajutorul” celor care, teoretic, îi sînt adversari politici. Faptul că, la numai două luni după ce PNŢCD a declarat că-l va sprijini din nou pentru alegerea prezidenţială, el a găsit de cuviinţă să-l numească pe Mugur Isărescu, favoritul d-lor Iliescu şi Roman, dovedeşte nu abilitate, ci lipsă de consecvenţă politică. Speriat de posibilitatea începerii împotriva sa a unei proceduri de suspendare, el a ales soluţia care convenea opoziţiei şi pe care aceasta i-a impus-o, dovedind astfel că e mai interesat de propria-i supravieţuire politică decît de soarta ţării.

După entuziasmul din noiembrie 1996, după decepţiile care au urmat, după o sumă de crize din care nimeni nu pare a fi învăţat ceva, nu mai rămîn decît cîteva întrebări amare: cine conduce, în realitate, România? Care-i sînt scopurile? Către ce eşecuri o îndreaptă? Şi de ce?

# RISCURILE VECHILOR PRIETENII

Nu de mult, agenţia de presă din Republica Cehă, CTK, precum şi cotidianul britanic *Daily Telegraph* au publicat o serie de informaţii neplăcute extrase dintr-un raport confidenţial al guvernului de la Praga. Subiectul era persistenţa spionajului rusesc pe teritoriul ceh. Un dosar complex, cu implicaţii mult mai mari decît s-ar putea crede la prima lectură.

Raportul menţionează faptul că, dintre cei 170 de diplomaţi ruşi aflaţi la Praga, cel puţin jumătate sînt spioni. Sub protecţia imunităţii diplomatice, ei au acces la o serie de informaţii privitoare la relaţiile Cehiei cu Vestul. Sarcină cu atît mai uşoară cu cît în administraţia cehă, dar şi în armată, sînt infiltrate persoane care şi-au menţinut legăturile clandestine cu serviciile secrete din Rusia şi în special cu serviciul de spionaj militar GRU.

Poziţia geografică a Cehiei este extrem de utilă pentru strîngerea de informaţii strategice din ţările vecine, trasformînd-o într-un fel de avant-post european al spionilor Moscovei (se semnalează o intensă activitate radio între Ambasada rusă din Praga şi diverse „contacte" de la Bonn,

Viena sau Roma). De asemeni, Ambasada rusă a cheltuit 30 de milioane de dolari pentru cumpărarea de terenuri şi clădiri de-a lungul frontierei cu Germania.

Apartenenţa Cehiei la NATO şi viitoarea sa integrare în Uniunea Europeană nu sînt decît argumente suplimentare pentru activităţile de spionaj ale Rusiei în această ţară.

Serviciul de contraspionaj ceh s-a arătat pînă acum mai degrabă pasiv în faţa acestei situaţii. De-a lungul ultimilor zece ani, un singur spion rus a fost demascat (!) şi, în plus, el a fost lăsat să părăsească ţara în secret, fără ca vreun detaliu al afacerii să fie dat publicităţii.

Fenomene similare – deşi de proporţii considerabil mai mici – sînt înregistrate şi în Polonia şi Ungaria.

Toate acestea nu fac decît să confirme teza pe care am susţinut-o încă din 1991, potrivit căreia, în ciuda aparenţelor, extinderea NATO către Est nu tulbură Rusia, care, prin reţelele pe care a reuşit să le menţină în aceste ţări, poate izbuti infiltrarea Alianţei.

Decizii discrete luate în ultimele săptămîni la sediul NATO merg în aceeaşi direcţie. Se preconizează un filtraj – dacă nu chiar un baraj – al informaţiilor sensibile, ceea ce va transforma cele trei ţări nou-acceptate în membri de mîna a doua.

În ce priveşte viitoarele extinderi, se va ţine, în sfîrşit, cont de riscurile persistenţei legăturilor unor cercuri din aceste ţări cu reţelele spionajului militar rus. Dar, cum acest tip de control este greu de efectuat din afară şi cum, în domeniul informaţiilor, fiabilitatea se dovedeşte redusă, conducerea NATO pare înclinată să adopte o atitudine „prudentă".

Potrivit unor surse militare americane – care, de altfel, n-au manifestat nici un entuziasm faţă de extinderea Alianţei către Est –, România şi Bulgaria nu oferă nici ele suficiente garanţii de securitate în materie de informaţii, aceste ţări preferînd să adopte o politică ambiguă în domeniul restructurării serviciilor lor secrete şi a înnoirii integrale a personalului. Legăturile cu trecutul sînt flagrante şi un număr prea mare de oficiali civili sau militari se află în situaţia de a putea fi şantajaţi.

3 ianuarie 2000

*Editorial*

# POLITICA ÎN ŢARA BASMELOR

Există o anume componentă a vieţii publice româneşti care nu poate să nu uimească pe observatorul exterior – o filiaţie cu lumea ireală a basmelor, un fel de feerie inversă, unde, după cum spunea Cioran, „totul e posibil şi nimic nu are consecinţe".

Cît de interesantă ar fi, de pildă, o contabilitate a acţiunilor inutile, a declaraţiilor contradictorii, a eşecurilor prezentate drept succese! S-ar înregistra, fără îndoială, recorduri surprinzătoare.

Un exemplu dintre cele mai ciudate: în nici o altă ţară, campania electorală nu e construită împrejurul unui slogan negativ. Românii sînt „îmbiaţi" să aleagă între „un rău mai mare şi un rău mai mic". Cu alte cuvinte, după trei ani de auto-măgulire, puterea de la Bucureşti a sfîrşit prin a se prezenta drept „un rău mic"!

Ce credibilitate poate avea o ocîrmuire care se defineşte astfel, dar, în acelaşi timp, rămîne imobilă în propriile-i structuri, scoţînd în luminile rampei aceleaşi figuri uzate de o guvernare fără nici o strălucire?...

Un alt exemplu – şi, în acelaşi timp, o veche practică: folosirea politicii externe drept paravan pentru neîmplinirile

57

interne. O călătorie în străinătate nu este, în sine, un succes. Şi nici nu contribuie, prin simplul fapt că a avut loc, la ridicarea prestigiului ţării. Ea devine un succes atunci cînd dă rezultate palpabile. (Să facem calculul sumelor care s-au aruncat pe fereastră pentru a susţine himera prezidenţială a transformării României într-un loc de trecere pentru conductele de petrol caspic! O cauză născută moartă în măsura în care jocurile internaţionale erau făcute de ani de zile.) Nici acordarea unor decoraţii sau titluri onorifice nu e un succes, iar menţionarea în presă a acestor non-evenimente e aproape ridicolă. (Care e ţara în care, pe prima pagină a ziarelor centrale, se anunţă decorarea unui ministru?) Orice om politic primeşte, de-a lungul carierei sale, diverse distincţii străine, a căror pondere nu depăşeşte aproape niciodată simplele limite ale protocolului. Faptul că nenumăraţi reprezentanţi ai statului călătoresc fără încetare (un domeniu în care România e pe punctul de a bate un record mondial) şi că sînt primiţi în mod civilizat acolo unde se duc, nu are nici o legătură cu impactul geopolitic al ţării. Am moştenit această convingere de la Ceauşescu şi, de zece ani, ne agăţăm de ea cu îndărătnicie. În cancelariile occidentale, România e, din păcate, departe de a fi atît de bine văzută pe cît se scrie în ziarele noastre. Iar succesele ei ar trebui privite cu mai mult discernămînt. Preşedinţia OSCE i-a fost atribuită pentru că nu exista un alt candidat; admiterea la negocierile cu Uniunea Europeană se datorează, în primul rînd, tensiunilor create de războiul din Kosovo şi de cel din Cecenia. De altfel, cum aceste negocieri riscă să dureze ani lungi, iar rezultatul lor nu e de loc sigur, motivele de entuziasm nu par a fi chiar atît de numeroase.

Alt exemplu: pretutindeni, oamenii politici, cu cît deţin funcţii mai importante cu atît încearcă să întreţină relaţii mai bune cu ceilalţi reprezentanţi ai puterii şi cu poporul care i-a ales. Nu şi în România. În România, preşedintele ceartă pe toată lumea (românii sînt plîngăcioşi, iar politicienii dezgustători), primul ministru îi ceartă pe miniştri, şi aşa mai departe, pînă la bietul om de pe stradă care e vinovat de toate relele şi care, în plus, are dezavantajul că, aflîndu-se pe treapta cea mai de jos, nu are pe cine certa la rîndu-i. În schimb – şi, în mod paradoxal, acest „detaliu" nu pare a-i impresiona pe politicieni – el poate sancţiona la fiecare patru ani pe cei care-l administrează. Între „două rele", votul lui nu mai exprimă o reală opţiune. El devine o simplă defulare, o răzbunare împotriva celor ce l-au amăgit. În acest sens, strategia actualei puteri poate fi generatoare de imprevizibile catastrofe.

Tot de domeniul bizarului ţine şi atitudinea faţă de guvernele care s-au succedat după noiembrie 1996. Aclamate la început, de parcă ar fi rezolvat toate problemele ţării în chiar clipa constituirii lor, lăudate pînă în ultima zi drept extrem de competente, ele erau, îndată după remaniere, acuzate de toate relele. Pe scurt, atîta vreme cît Victor Ciorbea era primmministru, ni s-a spus că nu puteam visa o alegere mai fericită, iar după îndepărtarea lui, ni s-a explicat că nu făcuse mai nimic. Scenariul s-a repetat în cazul lui Radu Vasile. Ceea ce revine la a mărturisi că s-au pierdut trei ani pentru că, din greşeală, s-a recurs la oameni nepotriviţi. Şi, în acelaşi timp, ca într-un scenariu absurd, ni se vorbeşte despre succese considerabile…

Un ultim exemplu din multele care ar putea fi citate: România deţine fără îndoială recordul petiţiilor publice şi al listelor de semnături. În faţa oricărei adversităţi, în loc să încercăm a-i pune capăt prin acţiune, producem un text şi adunăm în josul lui cîteva sute sau mii de semnături. Pare-se pentru a arăta Occidentului că nu sîntem inerţi (…deşi în Occident, cu excepţia marilor cauze, această practică – ce ni-l aminteşte pe Caragiale – e necunoscută). Pe 1 decembrie, s-a huiduit în timpul ceremoniei de la Alba Iulia. Reacţia a fost imediată: a apărut un apel vehement în favoarea lui Emil Constantinescu, iscălit de o mie şi ceva de intelectuali. Acţiune inutilă, în măsura în care se ştia oricum că semnatarii nu-l vor vota niciodată pe Iliescu, dar nici nu vor reuşi, prin cîteva fraze, să convingă pe adepţii acestuia că fac o alegere greşită. În schimb, manifestîndu-şi diferenţa pe un ton atît de peremptoriu într-o ţară în care, nu de mult, s-a scandat „Moarte intelectualilor!”, iniţiatorii textului au creat riscul unei noi rupturi. Cît despre Occident, acest capitol adăugat basmului românesc l-a lăsat perfect indiferent.

# MĂRTURISIRI NEAVENITE

*România liberă* (24 decembrie) relatează apariţia preşedintelui Constantinescu – prima după criza guvernamentală – la postul naţional de televiziune, în cadrul unei dezbateri ce se voia explicativă. Cu această ocazie, Emil Constantinescu a prezentat românilor cele trei motive care au stat la baza peripeţiilor politice de la jumătatea lui decembrie: în primul rînd, „toată lumea, dar absolut toată lumea din România era de acord că guvernul trebuia schimbat"; în al doilea rînd, se impunea o nouă formulă executivă cu un nou tip de premier; în al treilea rînd, era absolut necesar ca schimbarea formulei de guvern să se producă foarte repede.

Se remarcă imediat faptul că primul şi al doilea motiv, deşi prezentate ca distincte, sînt practic identice. Artificiu retoric prost mînuit, ce devine deficit logic, reducînd cîmpul justificărilor. Formularea „toată lumea, dar absolut toată lumea" etc. ar putea fi folosită, eventual, într-o cronică neserioasă de ziar, dar în nici un caz în explicaţiile publice ale unui şef de stat – mai ales cînd acelaşi şef de stat proclama, la începutul lui decembrie, că guvernul funcţionează de minune. Apoi, cît de ciudate par referirile pe care le face preşedintele la „schimbarea de guvern" şi la „noua formulă executivă"! În ce constă schimbarea? Care e noua formulă? În afară de înlocuirea primului ministru, singura noutate, în sensul adevărat al cuvîntului, este intrarea lui Petre Roman în guvern. În rest, nimic notabil. Trebuie, deci, să deducem că Emil Constantinescu vede în Dnii Isărescu şi Roman, aceste două vechi produse ale FSN-ului, cheia fericirii viitoare a României. Dacă e aşa, atunci de ce ni se mai vorbeşte, de trei ani încoace, despre „schimbare"? De ce nu se foloseşte, mai degrabă, termenul „întoarcerea pe furiş"?

Chiar dacă dl Isărescu ar fi un geniu al finanţei internaţionale – ceea ce, în ciuda entuziasmului unanim al presei româneşti, rămîne de văzut –, numirea lui echivalează cu o abdicare politică. El nu a fost desemnat de partidele majoritare, ci impus de PD şi PDSR („Ion Iliescu – «invitat de onoare» [la Cotroceni, n. a.] – a pronunţat numele «Isărescu» şi a plecat", scrie *Adevărul* din 16 decembrie). Se crează astfel o semi-coabitare pe care doar anumite înţelegeri secrete anterioare lui 1996 ar putea-o justifica. Astfel, teza „pactului cu diavolul" încheiat de Emil Constantinescu înainte de alegeri îşi găseşte un argument suplimentar.

Pe de altă parte, o frază publicată în *România liberă* (20 decembrie) aruncă o lumină ciudată asupra adevăratelor centre de putere de la Bucureşti: „În ciuda condiţiilor iniţiale pe care le pusese ca să accepte funcţia de prim-ministru, anume să-şi alcătuiască singur cabinetul, Mugur Isărescu s-a înmuiat pe parcurs, delegîndu-i lui Petre Roman autoritatea negocierilor pentru alcătuirea echipei executive şi a noului program de guvernare." Ne putem, din nou, întreba: cine conduce cu adevărat ţara? Şi cum, tot în *România liberă*, aflăm că programul de guvernare „va rămîne în linii mari acelaşi" (*sic!*), am fi îndreptăţiţi să bănuim că scopul real al manevrei de la jumătatea lui decembrie nu a fost decît o abandonare deghizată a puterii – primul pas către guvernul de coaliţie pe care

Ion Iliescu îl cere şi Petre Roman îl sugerează de mai bine de un an. În orice caz, logica politică – dacă un astfel de lucru mai există la Bucureşti – se află într-un moment de ruptură.

În ce-l priveşte pe Petre Roman, intrarea sa în guvern este în totală contradicţie cu ambiţiile electorale pe care le afişează. Exerciţiul puterii – şi în special înaintea alegerilor – uzează. Iar dl Roman şi partidul pe care îl conduce înregistrează de pe acum în sondaje scoruri extrem de modeste. Ele nu se vor putea ameliora în lunile ce vin. Nu ne rămîne decît să credem că Petre Roman urmăreşte altceva decît spune: fie consolidarea poziţiei de aliat indispensabil în diverse coaliţii viitoare (eventual cu menţinerea sa în funcţia de ministru de externe), fie o demnitate internaţională care i-ar asigura, pentru un timp, o ieşire onorabilă de pe scena politică românească. După care, ar putea reveni în forţă, pretinzînd responsabilităţi ce nu s-ar mai cere justificate prin verdictul urnelor. Un lucru e sigur: el îşi joacă, înainte de toate, propria carte politică[1].

Al treilea motiv invocat de Emil Constantinescu, cel privitor la rapiditatea aşa-zisei remanieri, e la fel de straniu. În orice ţară în care există o clasă politică normală, primul ministru e schimbat într-o oră. La Bucureşti a fost nevoie de o săptămînă pentru isprava asta, o săptămînă de-a lungul căreia grotescul şi absurdul s-au succedat pentru a oferi lumii un spectacol dezolant. Aşa e concepută rapiditatea de acţiune la Cotroceni?

În faţa telespectatorilor, preşedintele s-a jucat apoi cu termenii „demitere" şi „revocare", declarînd doct că îndepărtarea lui Radu Vasile a fost „perfect constituţională". De altfel, nu e prima oară că Emil Constantinescu o ia înaintea justiţiei, pronunţînd „verdicte" care, nici din punct de vedere profe-

---

[1] Calculul, pe care îl invocau atunci prietenii politici ai D-lui Roman, n-a reuşit. În schimb, el a devenit un liberal înfocat şi, o vreme, Crin Antonescu, neinspirat, l-a folosit drept strateg electoral.

sional, nici din punct de vedere legal, nu sînt de competenţa sa. (Ne amintim, astfel, că acum doi ani, animat de calcule politice, el l-a „spălat" în public pe Viorel Cataramă[2], exact în momentul în care acestuia îi erau intentate mai multe procese în legătură cu afacerea SAFI!)

„În sfîrşit – scrie în continuare *România liberă* – într-un gest fără precedent, Emil Constantinescu a acuzat minciuna care domneşte în prezent în România. Domnia minciunii se datorează acţiunilor antinaţionale ale unui aparat de dezinformare profesionist care a existat în cadrul Securităţii în perioada comunistă şi a continuat să acţioneze şi după decembrie 1989. Structurile de dezinformare au servit în special PDSR-ul, iar principalul mijloc de propagare l-a constituit revista *România Mare*." Această declaraţie cu iz de bandă desenată se înscrie în dreapta linie a celei de acum doi ani, cînd preşedintele a mărturisit că nu are putere. Prin astfel de momente de sinceritate, el construieşte încet-încet imaginea unei ţări haotice, condusă de grupuri oculte şi necontrolabile, o ţară în fruntea căreia se află un preşedinte fără puteri. În afară de faptul că afirmaţiile prezidenţiale nu au nici un fel de consecinţe pe plan intern, ele nu pot, în ochii străinătăţii, decît să discrediteze ţara. (În ce priveşte *România Mare*, e bine să nu se uite că această publicaţie a văzut lumina zilei mulţumită acordului şi sprijinului primit în 1990 de la guvernul Roman!)

Preşedintele a mai „afirmat că în anul 2000 va părăsi tăcerea ultimilor trei ani şi va interveni ori de cîte ori societatea româneasca va fi asaltată cu alte «produse» de dezinformare". Cu alte cuvinte, pînă acum el a suportat, stoic, minciuna şi dezinformarea, fără să reacţioneze. Ar fi interesant să ştim de ce…

---

[2] De atunci, l-a mai „spălat" şi Crin Antonescu, pentru ca apoi să-l dea afară din partid.

După aceste „revelații” catastrofale, certitudinea cu care președintele anunță că anul acesta vor intra în țară sume considerabile de bani poate surprinde. Dar anunțul e vag, cu gust electoral. Sigur, Uniunea Europeană acordă României un important ajutor financiar, repartizat pe mai mulți ani. Dar, cum bună-starea nu se construiește cu ajutoare, țara are nevoie, înainte de toate, de investiții. Iar, în încercarea de a le atrage, nimic nu e mai contraproductiv decît etalarea sistematică a unei stări de anarhie iremediabilă.

În afara celor „15 000 de specialiști”, candidatul Emil Constantinescu promitea, în 1996, investiții și ajutoare de 60 de miliarde de dolari. La trei ani după ce „nu am cucerit puterea”, România nu a văzut nici 2% din această sumă…

15 ianuarie 2000

*Editorial*

# DECENIUL DEZOLĂRII

Citirea zilnică a actualităţii româneşti este de cele mai multe ori un exerciţiu straniu, un fel de negare violentă a timpului şi spaţiului pe care îl revendică zgomotos politicienii noştri – o sumă de rupturi. Scandaluri care oscilează între mizerabil şi ridicol; imense escrocherii deghizate în succese financiare; epidemii scăpate de sub orice control; haos moral; crime îngrozitoare; judecători care vînd pe bani grei sentinţele; poliţişti traficanţi de droguri sau de femei; cartiere întregi lăsate fără încălzire; înalţi demnitari „democraţi" ocupînd liniştiţi casele furate de comunişti; pensionari care, după o viaţă de muncă, ajung cerşetori; muncitori purtînd pe străzi portretul lui Ceauşescu; mii de copii trăind în canale; funcţionari incompetenţi şi corupţi; parlamentari agramaţi...

Excesivă, această înşiruire? Dimpotrivă, ea e departe de a fi completă. Dacă aşezăm, una după alta, mărturiile celor care călătoresc în România, scrisorile care sosesc de acolo, ştirile difuzate de presă şi de agenţii, ajungem la un tablou mult mai sumbru: acela al unui dezastru aparent inexplicabil, care, de zece ani şi sub ochii noştri, transformă în calvar viaţa de zi cu zi a majorităţii covîrşitoare a românilor.

Patruzeci de ani de comunism au izbutit să ducă la faliment economia ţării şi – infinit mai grav! – să dezarticuleze ţesutul social. Urmărind să impună un sistem colectivist în care existenţa de turmă era obligatorie, comunismul n-a reuşit decît să izoleze oamenii, să-i îndepărteze unul de altul. În locul urii de clasă s-au instalat neîncrederea şi fereala generală. Societatea comunistă a devenit un grup incoerent de însinguraţi. Lipsa oricăror legături, ştergerea reperelor şi apoi uitarea lor, au dus la anihilarea durabilă a capacităţii de auto-apărare a societăţii.

Grefată pe acest fond şubred, guvernarea FSN – combinaţie de înţepenire comunistă şi de pseudo-occidentalizare prost înţeleasă – nu a făcut decît să continuie procesul de distrugere. „Democraţia originală” instaurată de Ion Iliescu nu a întreprins nimic pentru însănătoşirea socială. (E drept că regimul de atunci a fost, indirect, sprijinit în inacţiunea lui de o serie de intelectuali care, ani de-a rîndul, s-au obstinat să proclame că societatea românească e cît se poate de viguroasă.) Între 1990 şi 1996, a fost tolerată şi chiar încurajată minciuna; corupţiei i s-a îngăduit să ia proporţii monstruoase; ameninţarea şi mitocănia au devenit argumente politice; incompetenţa s-a transformat în virtute; morala şi-a pierdut orice raţiune de a fi. Cum se putea reface societatea în astfel de condiţii? Ce se poate clădi într-o lume în care anormalul continuă să fie prezentat drept normal? Şi, la urma urmei, ce avem de aşteptat de la un sistem care impune victimei să coabiteze cu călăul?

Dezastrul părea construit cu bună ştiinţă, sprijint de unii şi suportat de alţii. În afara cîtorva mii de excepţii – nesemnificative în masa naţiunii – mizeria socială şi materială continua. (Şi cîte exemple nu s-ar putea găsi între milionul de avorturi înregistrate în 1990 şi repetatele asalturi ale minerilor asupra capitalei!)

Cea mai dramatică mărturie despre realitatea „post-comunistă” o datorăm tinerilor care, cu miile, părăseau România, motivîndu-şi gestul printr-o simplă propoziţie: „Nu mai avem ce spera". Cuvinte care închid în teribilul lor laconism mai mult decît sute de reportaje.

Modestia speranţei s-a manifestat în 1996, cînd actualul preşedinte şi coaliţia care îl sprijină au cîştigat alegerile doar cu ajutorul duşmanilor din ajun. Şi totuşi, o parte din români a aşteptat mult de la noii guvernanţi. Desigur, nu miracolele promise cu o generozitate electorală care, privită retrospectiv, poate scandaliza. Nu transformarea bruscă a României într-un paradis de prosperitate şi fericire. Au fost aşteptate, însă, gesturile indispensabile împotriva continuităţii. Acele gesturi care trebuiau să ne desprindă de trecut – fie şi numai în domeniile care nu implicau eforturi economice.

Au fost aşteptate, în primul rînd, adevărul şi cinstea, ca elemente tămăduitoare şi refondatoare ale societăţii. În locul lor, ni s-au oferit discursuri lacrimogene sau ţîfnoase. Au fost aşteptate competenţa şi determinarea. În locul lor, ni s-au oferit exerciţii de amatorism şi costisitoare bîiguieli.

Ce coeziune se poate construi în felul acesta? Împrejurul cui? Şi în ce scop? Astăzi, ca şi ieri, avem impresia că singurul lucru care li se propune românilor e să supravieţuiască între două serii de promisiuni.

Unde se află societatea românească după zece ani de „post-comunism", „tranziţie", „post-tranziţie" şi alte concepte tulburi? În aceeaşi stare de ruptură în care se afla în momentul căderii lui Ceauşescu. O dovedesc, în acelaşi timp, eşecul CDR şi succesul anunţat al PDSR şi al acoliţilor săi fireşti. Ea pare a fi fost înscrisă într-un cerc vicios în care se învîrte pe loc şi din care nimeni, deocamdată, nu e în stare s-o smulgă.

Dezolarea absolută ce se desprinde din citirea actualităţii româneşti este semnul nu numai al stagnării, ci şi al faptului că boala de care suferă societatea bîntuie netulburată. Vindecarea ei ar fi trebuit să fie – încă din 1990, şi mai cu seamă după 1996 – o prioritate absolută a guvernanţilor. Ignorarea acestei simple evidenţe nu poate să conducă decît la insuccesul ocîrmuirii, oricare îi va fi culoarea politică, şi la adîncirea suferinţelor ţării. Iar în acest domeniu există un punct de ruptură dincolo de care nimic nu mai poate fi previzibil.

# UN ARTICOL CIUDAT:
# ADRIAN SEVERIN DESPRE SPIONI
# ŞI POLITICIENI

Dl Adrian Severin, pînă nu demult ministru de externe al României, consacră unul din editorialele sale din cotidianul *Ziua* (7 ianuarie 2000) unui subiect pe cît de sensibil, pe atît de actual: intrarea spionilor în viaţa publică pe poarta cea mare a politicii.

Desigur, articolul porneşte de la faptul că Vladimir Putin, fost director al serviciului rus de spionaj, a fost numit nu de mult preşedinte interimar al Rusiei, avînd toate şansele să fie ales în mod democratic şi pentru patru ani în această funcţie. Dl Severin nu este nici mirat, nici – cu atît mai puţin – revoltat sau îngrijorat de această numire. El găseşte de cuviinţă să facă o comparaţie cu faptul că George Bush a devenit preşedintele Statelor Unite după ce a condus CIA, iar în Germania de Vest Klaus Kinkel a trecut de la direcţia serviciului de spionaj la funcţia de ministru de externe. Comparaţie şubredă din mai multe puncte de vedere: atît Bush cît şi Kinkel au ajuns în fruntea serviciilor secrete nu urcînd o ierarhie profesională, ci prin numiri politico-administrative; acţiunea lor era îndreptată în sensul evoluţiilor pe care le speră azi Europa centrală şi răsăriteană.

Spre deosebire de ei, Putin a fost un „om de teren", un adevărat spion, iar activitatea lui era clar anti-occidentală. O dovedeşte faptul că, în anii 70, a fost expulzat din Germania de Vest, după cum o dovedeşte decoraţia pe care a primit-o la recomandarea STASI. Ce ne arată că opţiunile lui ideologice s-au schimbat şi cîtă încredere pot avea cancelariile apusene într-un astfel de personaj?

„În statele Europei centrale şi orientale – scrie Adrian Severin – aparţinînd fostului bloc sovietic, lucrătorii fostelor servicii de securitate, oricît de huliţi ar fi, se manifestă ca cei mai experimentaţi şefi din administraţie şi ca abili oameni de afaceri. [...] Ceea ce înainte arăta atît de penibil încît era de neconceput – accesul în conducerea politică a statelor a unor persoane cu origini în munca de informaţii secrete – a devenit, între timp, un certificat de profesionalism şi o garanţie de eficienţă." Iată, fără îndoială, explicaţia faptului că securiştii –„experţii"... – sînt menţinuţi sau numiţi în posturile importante ale statului!

În 1990, la redacţia săptămînalului *Le Point* a fost primită de la un agent al serviciilor secrete franceze o informaţie interesantă: patru înalţi demnitari numiţi după alegerile din 20 mai, erau „fişaţi" ca vechi membri ai serviciului român de spionaj. După noiembrie 1996, noua guvernare din România a recurs la serviciile a trei dintre ei. Cînd am comunicat această informaţie (citînd, evident, numele) unei persoane din anturajul preşedintelui, n-am înregistrat decît o reacţie de totală indiferenţă.

Acum, prin pana d-lui Severin, găsesc o explicaţie acestei reacţii: politicienii „tradiţionali" fiind nişte neisprăviţi, „oamenii serviciilor secrete apar, pe bună dreptate, ca o elită caracterizată prin pragmatism, vigoare, profesionalism, dinamism, hotărîre, consecvenţă şi eficienţă în acţiune, precum şi, nu în ultimul rind, patriotism. Duritatea şi lipsa de transparenţă a acestei elite, sînt compensate în ochii insului obişnuit, sătul de platitudinile iresponsabile ale politicianului, prin elementele ce fac specificul omului de stat, respectiv viziunea strategică bazată pe informaţia de adîncime bogată şi verificată, luciditate decurgînd din lipsa de emoţii mărunte, de pofte lumeşti şi de prejudecăţi ideologice, capacitatea de a sacrifica avantajele mici pe termen scurt în folosul celor mari pe termen lung."

Dl Severin – care face o perfectă descriere nu a spionului, în general, ci a spionului de tip *sovietic* – recunoaşte că opţiunea transformării agenţilor secreţi în oameni politici reflectă un deficit democratic. Dar el uită două detalii importante: în primul rînd, un agent care, ani de zile, a adus prejudicii Occidentului şi a devenit apoi ministru, nu va fi privit cu simpatie de către acelaşi Occident; în al doilea rînd, deşi e foarte la modă să se vorbească despre patriotismul foştilor spioni români, e bine să amintim că ei lucrau aproape tot timpul pentru Uniunea Sovietică. (Un singur exemplu, în acest sens: vitalele secrete militare ale NATO furate de Mihai Caraman, prietenul d-lui Roman, nu-i foloseau nici lui Gheorghiu-Dej, nici lui Ceauşescu – ele ajungeau direct la Moscova!)

Nu, România nu se va reface prin „calităţile" spionilor formaţi sub regimul comunist. Mentalitatea lor era pervertită în şcolile de Securitate prin care treceau, ideologia cu care erau hrăniţi era cea marxistleninistă. Marele lor talent, ca şi al sistemului care i-a produs, era acela de a şti să se adapteze oricărei situaţii. Altminteri, principala lor tehnică – *infiltrarea* – n-ar fi servit la nimic. Dar tocmai din pricina acestui talent ar trebui să fim precauţi!

# VLADIMIR PUTIN
# VĂZUT DE LA WASHINGTON –
# ÎNTRE OPTIMISM ŞI NELINIŞTE

Preşedintele interimar rus Vladimir Putin, un exemplu de „om din umbră" al perioadei sovietice ajuns la vîrful puterii de stat, rămîne o personalitate puternică, dar enigmatică şi imprevizibilă pentru specialiştii americani, comentează agenţiile de presă.

„Ştim foarte puţine lucruri despre el, iar puţinul pe care îl ştim nu e foarte încurajator", afirmă Thomas Graham, fost diplomat american la Moscova, în prezent unul dintre cei mai cunoscuţi specialişti în probleme legate de Rusia al Fundaţiei Carnegie din Washington.

„El nu s-a distins ca democrat sau adversar hotărît al corupţiei în nici una dintre activităţile sale anterioare", a adăugat Graham, referindu-se la perioada de 20 de ani petrecută de Putin în rîndurile serviciilor secrete ruse.

Omul căruia i-a predat Boris Elţîn puterea la sfîrşitul anului care s-a încheiat „are un trecut contrastant", afirmă, la rîndul său, Michael McFaul, autor al mai multor lucrări despre politica rusă. Dar actualul guvern rus pare a fi „mai coerent", apreciază el, adăugînd că Putin, susţinător al unui stat puternic, va avea de luptat, pentru a-şi menţine poziţia, cu presiunile exercitate de oligarhia care controlează diferitele sectoare economice.

Opţiunile sale în materie de politică externă rămîn în mare măsură necunoscute şi marcate, pentru moment, de poziţiile asumate faţă de situaţia din Cecenia. „Este dificil de prevăzut o ameliorare rapidă a relaţiilor ruso-americane în cazul continuării războiului din Cecenia", comentează Thomas Graham.

Relativa lipsă de experienţă a preşedintelui interimar pe scena internaţională poate oferi Statelor Unite şansa de a exercita mai multă influenţă asupra lui Putin decît dacă acesta ar fi fost un diplomat cu vechime, crede Michael McFaul.

Neliniştea Statelor Unite a fost exprimată, în ultimele zile, prin comentarii mai mult decît rezervate asupra noului lider de la Moscova. „Vladimir Putin va fi un Slobodan Miloşevici al Rusiei sau, poate, un Pinochet?", se întreba Zbigniew Brzezinsky, fost consilier pentru afaceri externe al preşedintelui Jimmy Carter, adăugînd, într-un articol publicat în *Wall Street Journal*, că „primii auguri pentru Rusia sub conducerea lui Putin nu sînt încurajatori".

Liderii americani au avut grijă, în ultima săptămînă, să-l menajeze pe cel devenit pe neaşteptate un partener major pe scena mondială, în pofida divergenţelor profunde între Moscova şi Washington în privinţa conflictului cecen.

Preşedintele american, Bill Clinton, a avut o discuţie telefonică de cîteva minute cu Putin, pe care l-a felicitat pentru numirea în funcţia de preşedinte inerimar, în timp ce secretarul de Stat Madeleine Albright a afirmat că Statele Unite doresc să continuie „relaţiile productive" cu Rusia. Ea a spus că Putin este „un om dur, foarte hotărît, înclinat spre acţiune", ale cărui iniţiative Statele Unite „trebuie să le supravegheze cu foarte mare atenţie". Albright a adăugat că preşedintele interimar rus este „foarte competent" şi că, pînă în prezent, experienţa relaţiilor cu el a fost bună.

1 februarie 2000



# UNIRE?

An după an, sărbătorirea Unirii Principatelor se desfăşoară într-o discreţie crescîndă, ce riscă, încet-încet, să devină indiferenţă.

E drept că românii au suportat, vreme de cinci decenii, atîtea festivităţi inepte încît poate s-au săturat de aniversări, discursuri şi panglici colorate. E drept că dezlănţuirea de mitocănie agresivă de la Alba Iulia, acum două luni, poate frîna orice elan. Dar, totuşi, acel 24 ianuarie 1859 nu  este oare preludiul indispensabil al reîntregirii de la 1 decembrie 1918?

Ceea ce s-a înfăptuit în 1859 se datorează inteligenţei oamenilor politici de atunci, precum şi faptului că ei au ştiut şi au vrut să acţioneze uniţi. Scopul lor a fost naşterea unei ţări şi construirea unui destin pentru ea. Şi, prin inteligenţă şi unitate, au reuşit. În ciuda nenumăratelor adversităţi.

Cine sînt urmaşii lor de astăzi şi care le sînt izbînzile? Atunci, împotrivirile veneau dinafară, atunci lupta s-a dus cu marile imperii ale lumii, pe care o mînă de oameni au reuşit să le convingă de temeinicia aspiraţiilor lor. Acum, cei care se opun bunului mers al ţării se află înlăuntrul ei şi nu izbutim să le facem faţă. Poate cîteva mii de indivizi – manipulatori infiltraţi în structurile statului şi ale partidelor – împiedică întoarcerea la normalitate a unui popor întreg. Chiar nu poate fi împiedicată acţiunea lor nefastă?

Din cînd în cînd, în vreun discurs politic, îi găsim amintiţi sub forma unui grup imposibil de definit – adevărat sistem ocult, fără prerogative vizibile, dar cu puteri aproape nelimitate. Fără îndoială, e greu de luptat cu un asemenea duşman. Dar nu imposibil. Mai ales pentru un stat ai cărui diriguitori afirmă că sînt hotărîţi să elimine aceste forţe din umbră.

Întrebarea care revine adesea e teribilă prin simplitatea ei, dar şi prin forţa de intuire a adevărului: „În fond, România nu e oare condusă tot de securişti?" Probabil, căci cine altcineva ar fi putut să se organizeze cu o asemenea eficacitate, cine altcineva ar fi avut asemenea mijloace de şantaj încît să reuşească să-şi asigure controlul asupra unei bune părţi a clasei politice? (La acest punct putîndu-se adăuga că e nu numai dramatic, ci şi extrem de periculos ca o ţară să fie condusă de oameni care au, aproape fără excepţie, ceva de ascuns.) Că securiştii – adevărat stat în stat, vreme de cinci decenii – au vrut să rămînă la cîrma României după 1989, transformînd o parte din fosta lor putere politică în putere economică, dar păstrîndu-şi intactă capacitatea de a face rău, e un lucru absolut firesc şi trebuia să ne aşteptăm la el. Ce e nefiresc este faptul că au fost lăsaţi în pace, că nu li s-a opus nimeni, că au fost chiar, de multe ori, sprijiniţi. Nu declara candidatul Emil Constantinescu, în 1995, că securiştii nu au de ce să se teamă pentru că nu şi-au făcut decît datoria[1]?

În faţa acestei entităţi a răului, clasa politică ar fi trebuit să acţioneze cu fermitate, cu inteligenţă şi unită în apărarea interesului colectiv. Nici una dintre aceste condiţii nu a fost

---

[1] Citat de Şerban Orescu în cartea „Radiografia unui regim", Ed. Dorul, 1998 (pag. 325).

îndeplinită. Grupul relei voinţe a fost lăsat să prospere în detrimentul ţării.

Ruptura faţă de 1859 şi 1918 e totală. Cei de atunci nu au astăzi nici un moştenitor!

Cum să celebrăm Unirea într-o Românie în care dezbinarea a devenit prima regulă de funcţionare a unei clase politice inconsistente? Partidele se sfîrtecă şi se fragmentează, politicienii nu se pun de acord decît pentru a se insulta, iar alegătorii îşi spun: „Dacă tot securiştii conduc, atunci ce importanţă are cine cîştigă alegerile?…”

Cum să celebrăm Unirea într-o Românie în care destinul personal contează mai mult decît cel al ţării, iar cei mai mulţi au ajuns să creadă că a face carieră înseamnă a face istorie? Dar ce va reţine Istoria, peste un secol şi jumătate, din faptele lor de azi? Ce se va scrie atunci despre deceniul care tocmai s-a încheiat? Ce eveniment cu adevărat important, istoric, putem numi după căderea lui Ceauşescu? Scandalurile? Schimbările inutile de guvern? Declaraţiile fără viitor?

Trist mesaj pentru posteritate!…

Şi cum să celebrăm Unirea într-o Românie în care Partidul moldovenilor şi Liga Transilvaniei îşi manifestă din ce în ce mai explicit lehamitea faţă de ineficacitatea bucureşteană, prefigurînd posibile şi grave rupturi? Discuţiile despre autonomie se înmulţesc, iar cele despre federalizare îşi fac apariţia într-o totală indiferenţă. Cei care amintesc existenţa unui eventual pericol sînt imediat puşi la stîlpul infamiei cu eticheta de „alarmişti” sau „retrograzi”. Şi, totuşi, pericolul există. Dar el este, în cea mai mare măsură, intern. Iar acesta e un adevăr pe care refuzăm să-l vedem. Pericolul sînt cei care, într-o atmosferă de lentă descompunere, nu vor sau nu îndrăznesc să facă ceea ce trebuie pentru ca România să pornească, în sfîrşit, în direcţia cea bună. Dacă bunăstarea ar fi generală, dacă românii ar şti cu certitudine că forţele oculte nu mai pot conduce ţara din culise şi nu se mai pot îmbogăţi pentru că li se îngăduie să practice libere necinstea, atunci discuţiile despre autonomie şi federalizare ar deveni fără obiect.

Poate că, într-adevăr, ar fi lipsit de sens să celebrăm, în situaţia actuală, Unirea Principatelor. Ce aşteptăm însă pentru a reda acestui act politic fondator sensul lui originar? Cînd vom şti să revenim la acea comunitate de interese şi destine, la acea voinţă de a trăi împreună care definesc naţiunea şi îi determină evoluţia?

# PNŢCD – A DOUA RUPTURĂ

La Bucureşti s-au desfăşurat, în ultimele zile ale lui ianuarie, lucrările Delegaţiei Permanente a PNŢCD. Cu această ocazie, care ar fi trebuit să fie cea a unei consolidări în vederea alegerilor ce se apropie, cel mai important partid de guvemămînt a mai pierdut o fracţiune din trupul său deja şubrezit.

După cum se putea prevedea, simpatizanţii fostului primministru Radu Vasile – cunoscuţi sub numele „grupul de la Braşov" –, în frunte cu deputatul Sorin Lepşa, au luat hotărîrea de a forma Partidul Popular de orientare creştin-democrată.

Capacitatea partidului ţărănist de a se auto-distruge este cel puţin surprinzătoare, dacă nu chiar suspectă! Demiterea lui Victor Ciorbea, după luni de scandal, a dus la o primă ruptură prin înfiinţarea ANCD. Acum, demiterea lui Radu Vasile s-a transformat într-o nouă ruptură, conducînd la apariţia încă unui partid. În acest ritm, PNŢCD va sfîrşi prin a nu mai avea o reprezentare proprie în Parlament.

Deocamdată, Radu Vasile şi Sorin Lepşa au fost urmaţi de zece parlamentari care formează nucleul de bază al viitorului Partid Popular. Însă hemoragia riscă să continuie: o serie de organizaţii judeţene şi-au anunţat intenţia de a se ralia formaţiei născînde.

PNŢCD consideră că aceste plecări curăţă partidul de oportunişti şi profitori şi că, deci, ele sînt benefice. Într-o oarecare măsură, e adevărat. Dar ne putem întreba: cum a ajuns această veche şi respectabilă formaţie să fie, în asemenea măsură, invadată de oportunişti şi profitori? De ce li s-a permis acestora să ajungă în funcţii atît de importante în structurile partidului? De ce unii din ei au fost propulsaţi pe scena politicii naţionale, unde li s-au atribuit responsabilităţi enorme? Şi, în cele din urmă, ce politică a cadrelor va fi aplicată de acum încolo pentru a înnoi structurile de conducere ale partidului, împiedicîndu-se, în acelaşi timp, ascensiunile nedorite?

Membrii Delegaţiei Permanente au procedat la alegerea conducerii partidului – dl Ion Diaconescu rămînînd în fruntea sa –, au votat un nou statut prin care liderului PNŢCD i se conferă puteri sporite şi au decis ca Biroul de Conducere, Coordonare şi Control să se numească de acum înainte Biroul Naţional de Conducere. PNŢCD a adoptat o rezoluţie care înnoieşte sprijinul acordat lui Emil Constantinescu pentru un nou mandat prezidenţial. De asemeni, a fost exprimată dorinţa participării pe liste comune la alegerile locale şi legislative a formaţiunilor care alcătuiesc în prezent Convenţia Democrată Română (CDR).

În cursul ultimei zile a lucrărilor, preşedintele Constantinescu, trecînd peste interdicţia constituţională, a venit să se plaseze de facto în fruntea partidului. Evocînd plecarea grupului Vasile-Lepşa, el a spus: „Această clarificare a început aici şi trebuie continuată acum!" (De notat că autorul discursului, oricare ar fi el, fie nu ştia, fie s-a făcut că uită faptul că sloganul „Aici şi acum" este cel al troţkiştilor…) Preşedintele a evocat în acelaşi timp „situaţia dramatică a ţării" şi „transformările profunde ce s-au petrecut în România", într-un amalgam impetuos în care e greu de desluşit realitatea:

oare „transformările profunde" au creat „situaţia dramatică"?
Fără a ţine cont de faptul că funcţia prezidenţială nu-i
îngăduie să fie şeful vreunui partid şi nici să se exprime ca
atare, el a invitat pe „cei care au de gînd să-şi folosească
poziţia în partid pentru avantaje personale [...], cei care au
de gînd să profite [...], cei care se tem, cei care nu sînt în
stare să lupte mai departe" să părăsească imediat PNŢCD.
Fără îndoială, plecarea tuturor acestora ar fi benefică. Dar
dacă fiecare îşi va inventa imediat un partid personal, riscăm
să ajugem din nou la imensa confuzie din 1990, cînd peste
150 de formaţii au participat la alegeri. Şi, la urma urmei,
poate că ar fi fost mai simplu să se evite, de la bun început,
umflarea partidului cu indivizi indezirabili, decît să se în-
cerce, în plină guvernare, golirea lui prin scandaluri şi uşi
trîntite.

# ÎNTRE IPOCRIZIE ŞI LAMENTABIL[*]

Secretarul general al NATO, George Robertson, aflat într-o vizită de 24 de ore la Varşovia, a afirmat că Alianţa Nord-Atlantică înţelege dar nu acceptă acţiunile Rusiei în Cecenia. „Este clar că înţelegem motivele acţiunilor Rusiei în Cecenia, dar nu acceptăm ceea ce fac forţele ruse acolo", a afirmat Robertson. El a subliniat necesitatea unui dialog între Rusia şi NATO, care să permită analizarea unor „probleme strategice", sugerînd astfel că Alianţa ar fi dispusă să discute despre noua strategie nucleară a Rusiei.

Robertson a confirmat faptul că reprezentanţi ai NATO şi ai Rusiei discută, de mai multe zile, asupra posibilităţii unei vizite pe care el ar urma să o facă la Moscova, iniţiativă „încurajată de autorităţile ruse". Dacă această vizită va avea loc, va fi prima pe care o efectuează în Rusia un înalt responsabil al NATO, de la izbucnirea crizei din Kosovo, în primăvara anului trecut.

---

[*] La începutul anului 2000, terorismul islamic nu era încă o realitate tangibilă şi nimeni nu ştia că Cecenia avea să-i devină unul din punctele de sprijin. Acţiunea lui Vladimir Putin era, prin urmare, foarte uşor de condamnat în acel moment. Rămîn însă foarte „interesante" divergenţele şi inconstanţa instituţiilor şi puterilor occidentale.

Într-un interviu acordat agenţiei ruse Interfax, George Robertson a mai declarat că relaţiile dintre Rusia şi NATO „s-au îmbunătăţit în ultimele luni". „În afară de operaţiunea pe care o desfăşurăm în prezent în Bosnia-Herţegovina, Rusia s-a alăturat forţei internaţionale de securitate din Kosovo (KFOR), avînd o contribuţie foarte semnificativă şi aducînd cooperarea militară dintre NATO şi Rusia la un nivel fără precedent", a declarat el.

Secretarul general al NATO a afirmat, de asemeni, că procesul de extindere a NATO către Europa de Est va continua, în pofida opoziţiei ferme a Moscovei. „Fiecare ţară are dreptul de a-şi alege liber propriile sale mijloace de protecţie".

După Varşovia, George Robertson s-a deplasat la Kiev, de unde a lansat un apel autorităţilor ruse, în vederea reluării dialogului „la cel mai înalt nivel" cu Alianţa Nord-Atlantică. „Sper că Rusia va înţelege că este în interesul său şi al NATO să reia contactele la cel mai înalt nivel", a spus el. „Studiem posibilitatea reluării unei cooperări mai ample cu Rusia", a subliniat secretarul general al NATO.

Cît de departe sîntem de Kosovo şi de pricipiile intransigente enunţate atunci! E drept că Rusia e suficient de mare pentru a le pune în surdină.

În ce priveşte „curajul" Uniunii Europene, el s-a manifestat printr-o declaraţie adoptată pe 25 ianuarie, în timpul unei reuniuni lunare la Bruxelles a miniştrilor de exteme ai ţărilor membre. Ei au condamnat „folosirea disproporţionată a forţei de către autorităţile ruse, care a provocat o degradare a situaţiei umanitare din Cecenia" şi au cerut Comisiei Europene să ia anumite măsuri comerciale împotriva Rusiei.

În cadrul aceleiaşi declaraţii s-a mai afirmat că Rusia a crescut numărul „infracţiunilor" în relaţiile cu UE (ceea ce, evident, e mult mai grav!). Aşadar, Comisia Europeană a decis să ia contramăsuri în ce priveşte exporturile ruse de fier vechi! „Consiliul de Miniştri a cerut Comisiei să ia măsuri similare şi în alte domenii", au declarat cei 15. Ei au suspendat studiul unor eventuale noi preferinţe comerciale care ar fi putut fi acordate Rusiei.

În cadrul summit-ului de la Helsinki, miniştrii europeni ai Afacerilor Externe aprobaseră o decizie a Comisiei Europene de a nu înapoia Rusiei, în anul 2000, cele 30 de milioane de euro din ajutorul alimentar necheltuit în 1999, cît şi reorientarea cheltuielilor de asistenţă tehnică doar spre domeniile legate de statul de drept şi promovarea democraţiei. Această decizie echivalează cu îngheţarea a 90 de milioane de euro din angajamentele de asistenţă tehnică pentru anii viitori.

„Contramăsurile" comerciale cu care Uniunea Europeană a ameninţat Moscova din cauza războiului din Cecenia, vor afecta încrederea dintre Rusia şi Europa, dar nu vor avea prea multe efecte, au declarat a doua zi agenţiei *Interfax* surse guvernamentale ruse. Aceste măsuri „vor deteriora, fără îndoială, climatul de încredere dintre Rusia şi Uniunea Europeană", au precizat aceste surse. Dar ele sînt „de natură politică şi efectul lor economic este comparabil cu o înţepătură".

Pe 26 ianuarie, un reprezentant al administraţiei prezidenţiale ruse a ameninţat Uniunea Europeană că Moscova va recurge la măsuri de represalii în cazul în care UE va impune sancţiuni ca urmare a ofensivei din Cecenia. „Este imposibil să fie impuse sancţiuni împotriva Rusiei. Rusia este o ţară mare, care furnizează Europei o mare cantitate de resurse naturale", a afirmat Serghei Iastrîjembski, consilier al Kremlinului însărcinat cu coordonarea informaţiilor referitoare la situaţia din Cecenia. „Impunerea de sancţiuni împotriva Rusiei este o acţiune contraproductivă", a adăugat el. Primvicepremierul rus Mihail Kasianov a apreciat, la rîndul său, că măsurile decise de Uniunea Europeană împotriva Moscovei „nu vor provoca probleme suplimentare pentru Rusia”. Pe de altă parte, îngheţarea acestor fonduri gestionate în cadrul programelor TACIS va afecta lucrările de sporire a securităţii centralelor nucleare ruse, a afirmat ministrul rus al Energiei Atomice, Evgheni Adamov, subliniind faptul că şi ţările occidentale sînt interesate, în egală măsură, de securitatea nucleară a centralelor ruse.

În cele din urmă, Comisia Europeană a hotărît să reducă importurile de oţel din Rusia cu 20 la sută, ceea ce echivalează cu impunerea unor sancţiuni economice în valoare de circa 30 de milioane de euro, a declarat un purtător de cuvînt al UE care sa ferit să facă vreo referire directă la situaţia din Cecenia. În schimb, el a menţionat că măsura decisă de Comisie – care urmează să fie ratificată de UE – reprezintă un răspuns la încălcarea de către partea rusă a prevederilor referitoare la exporturile de fier vechi din acordul comercial încheiat cu UE.

Pe de altă parte, Comisia pentru probleme politice a Adunării Parlamentare a Consiliului Europei a adoptat o recomandare prin care solicită executivului european să ofere „un sprijin adecvat autorităţilor ruse pentru normalizarea situaţiei din Cecenia”. Nici mai mult, nici mai puţin!… Textul recomandării urma să fie votat pe 27 ianuarie în plenul Adunării Parlamentare. În cazul adoptării, acest text elimină orice ameninţare pe termen scurt privind impunerea de sancţiuni împotriva Rusiei, precum şi posibilitatea de suspendare a delegaţiei ruse de la lucrările Adunării Parlamentare. Comisia politică observă „cu oarecare satisfacţie”, faptul că preşedintele interimar rus, Vladimir Putin, a acceptat ideea unei prezenţe a Consiliului Europei în zona de conflict, avînd drept principal scop analizarea, în colaborare cu autorităţile ruse, a situaţiei umanitare şi a respectării drepturilor omului în regiune. Recomandarea solicită autorităţilor ruse să pună capăt imediat „acţiunilor disproporţionate din Cecenia", dar propune amînarea pînă în aprilie 2000, după alegerile prezidenţiale din Rusia, a unei decizii privind statutul Rusiei de membru al Consiliului Europei.

Prezent la Strasbourg, Igor Ivanov, ministrul rus al Afacerilor Externe, a reafirmat că Rusia va duce „pînă la capăt" operaţiunea sa antiteroristă din Cecenia. „Operaţiunea antiteroristă din Cecenia are drept obiectiv restabilirea respectării drepturilor omului în regiune. Este imposibil să angajăm o astfel de operaţiune fără a o duce la capăt", a spus şeful diplomaţiei ruse în cadrul discursului rostit în faţa parlamentarilor din cele 41 de ţări ale organizaţiei. Ivanov a declarat că „Rusia protejează frontierele comune europene de atacurile barbare ale teroriştilor" care se află, în opinia sa, în Afganistan, în Balcani şi în Caucaz. Această situaţie „de la graniţele Europei" ameninţă securitatea, viaţa şi bunăstarea tuturor cetăţenilor continentului, a explicat Ivanov.

Adunarea Parlamentară a Consiliului Europei (APCE) a apreciat că Rusia încalcă, prin operaţiunile din Cecenia, unele dintre cele mai importante obligaţii ce decurg din Convenţia europeană a drepturilor omului şi din dreptul umanitar internaţional, dar a refuzat totuşi să sancţioneze delegaţia rusă, respingînd un amendament care solicita suspendarea dreptului de vot al parlamentarilor ruşi. APCE a cerut Rusiei, conform avizului Comisiei politice, ca, pînă în luna aprilie, să demonstreze că a înregistrat progrese în ceea ce priveşte respectarea drepturilor omului în Cecenia.

Orice comantariu e de prisos!…

*Editorial*

# MITURI

Cît de îndepărtate par acele prime luni ale lui 1990, cînd cei veniţi din România mai ştiau încă să pună întrebări! Şi cît de scurtă a fost acea perioadă!...

Schimbarea s-a petrecut surprinzător de repede, reflectînd o sumă de complexe ireductibile. Brusc, în vorbirea călătorilor romani – care, totuşi, abia ieşiseră dintr-o lungă perioadă de non-informaţie – întrebările au fost înlocuite de certitudini. În numai cîteva luni, ei aflaseră totul despre tot, îşi etalau cu arţag şubredele cunoştiinţe acumulate în grabă şi transformau dialogul într-un monolog sentenţios.

Asistam la o catastrofă – desigur, nu atît de spectaculoasă ca aceea în care se adîncea economia, dar, în fond, mult mai vătămătoare. O catastrofă pe care puţini o băgau în seamă, neputincioşi. Proasta calitate a presei, sterilitatea dezbaterilor, lamentabilul discurs politic erau – şi, în mare măsură, sînt încă – rezultante ale metehnei ce pusese stăpînire pe mulţi: aceea de a se crede atotştiutori. Şi, deci, de a refuza să mai afle şi altceva decît ce li se pare că ştiu. Cîte aşa-zise analize – în realitate, înşiruiri de absurdităţi pornind de la premise false – infestează peisajul politic şi publicistic românesc! Cîte iniţiative ratate din cauza lipsei de informaţii! (Dacă, de pildă, consilierii prezidenţiali şi diverşi înalţi funcţionari din Ministerul de Externe s-ar fi documentat cum se cuvine înainte de a încerca să atragă în România conductele pentru petrolul caspic, ar fi aflat că „jocurile erau făcute" de mult şi că Bucureştiul nu avea nici o posibilitate serioasă de a le influenţa. S-ar fi evitat astfel o mare şi inutilă cheltuială de bani şi de energii.)

Personaje pe a căror pregătire sau abilitate profesională nu dădea nimeni un ban înainte de 1989, au devenit dintr-o dată „specialişti" pe care, pare-se, ni-i invidiază o lume întreagă. Iar dacă cineva are ideea să întrebe cum de merg lucrurile atît de prost într-o ţară unde, în toate domeniile, abundă experţii de valoare internaţională, răspunsul e prompt: ei nu sînt folosiţi. Afirmaţie din care putem deduce fie că, dintr-un motiv obscur, „specialiştii" sînt cu toţii la şomaj, fie că în principalele instituţii ale statului se află oameni mărginiţi şi încăpăţînaţi, care nu înţeleg că simpla numire a acestora în posturile corespunzătoare ar scoate imediat ţara din marasmul în care se află. Ar putea să ni se pară ciudat faptul că atunci cînd vreunul din aceste personaje supracalificate ajunge într-un post important, salutat unanim ca un salvator indiscutabil, misiunea lui se termină de cele mai multe ori tot printr-un eşec. Evident, şi pentru aceste cazuri există o explicaţie: el a fost împiedicat să-şi pună în aplicare ştiinţa. Nu ni se spune de către cine (oare ţara o fi chiar plină de sabotori? şi, dacă da, de ce nu se face nimic împotriva lor?), dar asta nu are nici o importanţă. Important e să ne putem amăgi în continuare.

În orice caz, concluzia către care este împins observatorul pare stranie dacă nu chiar puţin ridicolă: România e plină de „specialişti" ale căror capacităţi sînt cu totul necunoscute pentru că nu li s-a dat niciodată ocazia să le folosească, dar de a căror formidabilă pricepere nu se îndoieşte nimeni!

Sîntem departe de modestia din 1990. Sîntem departe şi de acele vremuri cînd din România lui Ceauşescu răzbăteau mesaje disperate: „Nimeni nu se opune... Nimeni nu face nimic... Ajutaţi-ne!" Au fost, din nou, de ajuns cîteva luni pentru ca ţara să se umple de foşti disidenţi, de foşti opozanţi – zeci şi zeci de mii de eroi improvizaţi în grabă, a căror primă grijă a fost să dea a înţelege destinatarilor mesajelor de odinioară că, fiindcă nu mîncaseră salam cu soia, nu prea aveau ce căuta acolo. Ascultîndu-i azi, am putea crede că regimul comunist s-a confruntat în permanenţă cu o mişcare insurecţională de o nemaipomenită îndîrjire. Şi ne-am putea imagina că oamenii deveneau membri de partid, securişti, torţionari, informatori (categorii care au însumat, totuşi, aproape un sfert din populaţia ţării...) doar ca să submineze puterea.

Cît de departe sîntem şi de acea lume intelectuală care, în marea ei majoritate, ieşea din comunism pe furiş, încercînd să-şi justifice pasivitatea de cinci decenii! Unde erau rezistenţii? Unde e imensa „literatură de sertar" pe care o aşteptam cu toţii? Poate în visele unora... În schimb, doar cîteva luni au fost de ajuns pentru ca România să dobîndească o masă ţîfnoasă de intelectuali care încearcă mereu să ne convingă că, fără ei, cursul istoriei s-ar întrerupe şi care, poate pentru că nu au reuşit să se impună Occidentului, se răzbună copiind tot ce acesta are mai rău. Închişi în micile lor cercuri „de studii", obsedaţi de politică, dar lipsiţi de putere, ei se zbat să reducă realitatea la fantasmele lor şi sînt gata să cenzureze pe oricine îndrăzneşte să îi contrazică.

Cele trei mituri care au prins rădăcini în România după 1990 – al „eroilor", al „specialiştilor" şi al „intelectualilor infailibili" – sînt departe de a ne îmbogăţi. Ele nu fac decît să ne exhibe slăbiciunile, adîncindu-le pe zi ce trece. În complicata construcţie a unei naţiuni, minciuna nu poate fi folosită nici drept temelie, nici drept mortar. Şi, totuşi, în

România de azi, aceste mituri – impostură colectivă pe care unii o întreţin cu grijă în timp ce alţii o aplaudă – sînt folosite pentru a consolida o societate şubrezită. Cum va putea rezista ea primei furtuni? Şi cînd vom înţelege că, atîta vreme cît vom refuza să ne acceptăm adevărata dimensiune, vom fi mereu condamnaţi la eşec?

…Eşec pe care, de altfel, îl prefigurează obstinaţia noastră de a înconjura cu iluzii strălucitoare ceea ce nu este încă decît o tristă supravieţuire.

1 martie 2000



# NEPUTINŢA

Scandal după scandal, criză după criză, impresia pe care o dă clasa politică românească – întreaga clasă politică şi nu doar una sau alta dintre formaţiunile care o alcătuiesc – este aceea a unei consternate neputinţi de a asuma rolul pe care membrii ei îl revendică sus şi tare. Acestei impresii i se adaugă, din ce în ce mai supărătoare, cea a unei absolute inconsecvenţe ce s-a înstăpînit peste „gîndirea" diriguitorilor de la Bucureşti. Departe de vîlva sterilă a puterii şi atît de puţin semnificativ în calculele politicienilor, omul de rînd îndură tăcut, pînă cînd, în apropierea alegerilor, îşi aduc aminte cu toţii de el şi-l copleşesc sub povara promisiunilor.

Desigur, scandaluri izbucnesc în orice ţară, pretutindeni apar incompatibilităţi şi neînţelegeri politice, dar nicăieri ele nu devin, ca la Bucureşti, un fenomen permanent, nicăieri ele nu constituie caracteristica principală a vieţii publice, nicăieri ele nu au acest aspect de bîlci absurd. E trist şi revoltător în acelaşi timp.

Nici o demisie, nici o remaniere nu poate avea loc fără scandal, fără o deversare de insanităţi. Şi orice schimbare conduce în mod inevitabil la blocaje durabile. Ar fi interesant de calculat cîte luni au fost risipite, după noiembrie 1996, din pricina incompetenţei sau a certurilor inutile. Încetineala formării primului guvern – semn premonitoriu al nepregătirii noilor guvernanţi –, apoi „scandalul Valerian Stan", demis în mod lamentabil pentru că îşi făcea prea conştiincios treaba, îndepărtarea lui Victor Ciorbea, „revocarea" lui Radu Vasile, recenta plecare a lui Victor Babiuc. Toate aceste „evenimente" au prilejuit blocarea, pentru un timp mai mult sau mai puţin lung, a aparatului de stat. Altele, de mai mică însemnătate sau mai puţin mediatizate, au avut acelaşi efect. Dacă le însumăm, ajungem la aproximativ şase luni. Şase luni irosite în trei ani şi jumătate! De parcă România ar fi o ţară înfloritoare, unde totul funcţionează perfect, şi care îşi poate îngădui luxul suprem al pierderii timpului...

Nu putem şti – dar nu ne este greu să bănuim – cine guvernează cu adevărat România. Într-o recentă lamentaţie, Emil Constantinescu s-a declarat, din nou, învins de forţe vrăjmaşe pe care le-a definit vag: securiştii lui Ceauşescu. Să fie oare vorba despre acei securişti „patrioţi" pe care, tot el, îi asigura în 1995 că „nu au de ce să se teamă" şi cu care, probabil, pactiza numai şi numai pentru că ţinea morţiş să ajungă preşedinte? Să fie oare acei securişti pe care i-a numit în diverse posturi „pentru că nu trebuie să le arătăm că ne e frică de ei"? Să fie, în sfîrşit, acei securişti pe care actuala putere – ca şi cea dinainte – a refuzat cu îndărătnicie să-i demaşte?

Persistenţa securiştilor – nu ca indivizi, ci ca membri ai unui corp care, chiar devenit invizibil, îşi păstrează nociva coerenţă – este un rău care macină inexorabil România. Dar de ce se plîng de acest rău tocmai aceia care au aşteptat atîta vreme ca să-l denunţe şi care n-au făcut nimic împotriva lui?

La începutul unei campanii electorale – care, de altfel, va însemna alte cîteva luni de încremenire a vieţii publice româneşti – afirmaţia şefului statului ascunde, voit sau nu, un sens teribil: ţara e condusă de securişti, iar guvernele care s-au perindat în fruntea ei începînd din 1990 nu i-au anihilat. De aici rezultă că, în România, alegerile şi alternanţele politice sînt un joc inutil, un fel de paravan în spatele căruia acţionează, în deplină libertate, o dictatură inamovibilă. În România, democraţia e doar un decor pe care unii refuză şi alţii sînt incapabili să-l transforme în adevărată construcţie. Ce altceva se poate înţelege din repetatele declaraţii de neputinţă ale lui Emil Constantinescu? Şi oare spusele lui nu înseamnă, în acelaşi timp, că oricare ar fi opţiunile alegătorilor, oricare ar fi viitorul preşedinte şi viitorul partid de guvernămînt, aceste opţiuni nu au nici o semnificaţie, nici o greutate, pentru că România va fi condusă în continuare de securişti?

Poate că cel căruia securiştii îi îngăduie încă să fie preşedinte (cum altfel l-am putea defini după declaraţiile de neputinţă pe care le-a înmulţit în ultimele luni?) îşi închipuie că denunţarea în termeni vagi a unei situaţii intolerabile e de ajuns pentru a anula această situaţie. Poate chiar îşi închipuie că a înfăptuit un act de curaj. Ar fi bine, în acest caz, ca vreunul din mulţii şi competenţii lui consilieri să-i explice că revelaţiile prea tîrzii sînt lipsite de valoare şi că, oricum, vorbele cărora nu le urmează fapte pe măsură sînt departe de a denota curajul. Ar fi bine să i se amintească faptul că atît el însuşi cît şi coaliţia care îl sprijină au fost aleşi – e drept, cu un scor mediocru – de către un popor pe care nu-l mai anima decît un şubred rest de speranţă. Cu atît mai gravă a fost, aşadar, dezamăgirea ultimilor trei ani. Dar dacă, în plus, dezamăgirii i se adaugă acum, de către însuşi şeful statului, certitudinea că nimeni nu e în măsură să schimbe încremenirea comunisto-securistă a ţării, că votul e un gest fără urmări şi speranţa o deşertăciune, atunci putem spune că împotriva românilor se săvîrşeşte o crimă morală.

...Şi aşa va fi atîta vreme cît se va promite fără a se întreprinde, atîta vreme cît se va denunţa fără a se acţiona. „Revelaţia" lui Emil Constantinescu, după trei ani şi jumătate de guvernare, e inutilă în măsura în care toată România simte omniprezenţa răuvoitoare a securiştilor. Utilă ar fi fost curăţirea, de la bun început, a aparatului de stat. Au fost preferate, însă, carierele personale, cu preţul micilor sau marilor compromisuri.

Tonul campaniei electorale e dat: după angajamentele fără urmări din 1996, acum avem văicărelile fără urmări…

# ZECE ANI:
# PROCLAMAŢIA DE LA TIMIŞOARA

Se vor împlini, pe 11 martie, zece ani de la adoptarea *Proclamaţiei de la Timişoara*, adevărată Constituţie morală pentru o Românie ce părea să-şi caute calea spre normalitate. Atunci, în primăvara lui 1990, milioane de oameni din toate colţurile ţării şi-au pus semnătura în josul acestui text într-un impresionant plebiscit. Dar, de atunci, nici o putere nu a vrut să ţină cont de această firească voinţă colectivă.

*Proclamaţia de la Timişoara* ar fi putut fi primul pas către decomunizarea ţării, primul pas către eliberarea de forţele mai mult sau mai puţin oculte ale Securităţii. Dacă ar fi adoptat-o, puterea de atunci şi-ar fi asigurat întîietatea europeană în necesarul proces al renaşterii morale.

„Propunem – spune puntul 8 al Proclamaţiei – ca legea electorală să interzică pentru primele trei legislaturi consecutive dreptul la candidatură, pe orice listă, al foştilor activişti comunişti şi al foştilor ofiţeri de Securitate. Prezenţa lor în viaţa politică a ţării este principala sursă a tensiunilor şi suspiciunilor care frămîntă astăzi societatea românească. Pînă la stabilizarea situaţiei şi reconcilierea naţională, absenţa lor din viaţa publică este absolut necesară.

Cerem, de asemenea, ca în legea electorală să se treacă un paragraf special care să interzică foştilor activişti comunişti candidatura la funcţia de preşedinte al ţării. Preşedintele României trebuie să fie unul dintre simbolurile despărţirii noastre de comunism. [...]"

N-a fost să fie aşa! În loc să devină, după cum ar fi fost firesc, un act de salubritate politică şi socială, *Proclamaţia de la Timişoara* a rămas un vis a cărui aniversare e sărbătorită an de an într-o Românie ce se îndepărtează din ce în ce mai mult de idealul afirmat în 1990.

În 1996, pentru o clipă, speranţa părea că revine. Senatorul timişorean George Şerban, dispărut între timp, propunea ca *Proclamaţia* – pe care el însuşi o prezentase în 1990 – să devină lege. De la Cotroceni i se adresa un „nu" răspicat. Cum să fie transformat în lege un text anticomunist, de vreme ce supravieţuirea coaliţiei guvernamentale era asigurată de oameni ai trecutului?...

În decembrie 1996, proaspăt alesul preşedinte Emil Constantinescu avea să-i surprindă şi să-i dezamăgească pe timişoreni declarîndu-le că prin alegerea sa punctul 8 al *Proclamaţiei* devenea caduc. Cu alte cuvinte, prin alegerea sa orice urmă a trecutului era ştearsă pentru totdeauna. Fără îndoială că declaraţiile lui de azi despre pericolul comunist şi securist ar fi fost fără obiect dacă *Proclamaţia* ar fi devenit text legal. În orice caz, acel moment, cînd o aspiraţie firească a fost măturată printr-o formulă retorică, rămîne pentru mulţi simbolul incoerenţei în care s-a complăcut actualul regim.

Pentru noi, cei răspîndiţi în lume, autorii *Proclamaţiei* gîndiseră o altă soartă decît cea care ne-a fost, în cele din urmă, rezervată. Punctul 12 afirmă:

„După căderea dictaturii au fost invitaţi în ţară toţi românii plecaţi în exil, pentru a pune umărul la reconstrucţia României. Unii s-au şi întors, alţii şi-au anunţat intenţia de a o face. Din păcate, instigaţi de forţe obscure, s-au găsit şi oameni care să hulească pe exilaţii reîntorşi, să-i califice de trădători, să-i întrebe tendenţios ce au mîncat în ultimii zece ani. Este o atitudine care nu ne face cinste. [...] Exilul românesc în-seamnă sute de profesori eminenţi care predau în cele mai mari universităţi din lume, mii de specialişti preţuiţi la cele mai puternice firme occidentale, zeci de mii de muncitori ca-lificaţi în tehnologiile cele mai avansate. Să fim mîndri de ei şi să transformăm răul în bine, făcînd din trista şi dureroasa diasporă românească o forţă înnoitoare pentru România. Timişoara îi aşteaptă cu dragoste pe toţi exilaţii români. Sînt compatrioţii noştri şi, azi mai mult ca niciodată, avem nevoie de competenţa lor, de europenismul gîndirii lor şi chiar de sprijinul lor material. De asemenea, cultura română va fi în-treagă numai după ce se reintegrează în ea cultura din exil."

Ce s-a ales din aceste fraze care fac cinste autorilor lor? Nimic. Refrenul mîrlănesc al „salamului cu soia" e auzit şi azi, iar cei care au fost *invitaţi* sau *incitaţi* să se întoarcă nu sînt nici măcar o sută. Cît despre foarte puţinii care au avut curajul să revină din proprie iniţiativă, ei au fost primiţi, de cele mai multe ori, cu indiferenţă, dacă nu chiar cu o anume iritare. Este şi acesta un simptom al patologiei sociale ro-mâneşti.

Cei zece ani ai *Proclamaţiei de la Timişoara* sînt, mai de-grabă, un prilej de îndurerare a memoriei. România pe care o speram atunci ar fi trebuit să arate altfel decît cea pe care o avem astăzi sub ochi. Aplicarea *Proclamaţiei* ar fi contri-buit în chip esenţial la transformarea speranţei în realitate. S-a ales însă o altă cale, acceptîndu-se riscul ca aceasta să nu conducă nicăieri. Păcat!...

# CRIZĂ... ŞI CRIZE

Dl Victor Babiuc, ministrul Apărării Naţionale şi vice-preşedinte al Partidului Democrat şi-a dat demisia din acest partid pe data de 16 februarie. În acelaşi timp, el a anunţat că este gata să renunţe la portofoliul ministerial pe care îl deţine. Dar lucrurile sînt departe de a fi atît de simple precum par.

Frustrat de această neaşteptată „dezertare", partidul lui Petre Roman a reacţionat violent, prin intermediul ministrului Traian Băsescu, care a acuzat preşedinţia de „şopîrleli" şi conducerea PNL de a-l fi atras pe Victor Babiuc. PNL a pretins scuze, pe care nu le-a obţinut decît într-o formă nesatisfăcătoare, ceea ce a dus la un prim blocaj în cadrul coaliţiei. Al doilea blocaj a apărut cînd Partidul Democrat a declarat că nu mai poate participa la şedinţele de guvern la care este prezent dl Babiuc.

Pe de altă parte, demisia din postul de ministru a lui Victor Babiuc s-a volatilizat în chip misterios. Ea s-ar afla, potrivit interesatului, „la cine trebuie", dar această persoană nu a fost încă identificată. Atît serviciile primului ministru, cît şi cele ale preşedintelui, neagă că ar deţine documentul în cauză. Deci, Victor Babiuc rămîne ministru.

...Ceea ce e departe de a fi pe placul partidului lui Petre Roman, căruia, în virtutea faimosului „algoritm", îi revine automat ministerul apărării. Dar un nou ministru nu poate fi numit atîta vreme cît dl Babiuc nu şi-a părăsit funcţia. Deci, o situaţie aparent fără ieşire, în care toată lumea se încăpăţînează, în timp ce Parlamentul şi guvernul funcţionează cu încetinitorul.

O simplă demisie s-a transformat aşadar într-o criză de proporţii – a cîta? –, izbutind să blocheze viaţa politică. O scuză în plus pentru a întîrzia cele ce ar fi fost de făcut.

•

După ce a declarat, acum doi ani, că în noiembrie 1996 au fost cîştigate doar alegerile, dar nu şi puterea, după ce a afirmat că lumea politică îl scîrbeşte, după ce a acuzat românii că ar fi un popor de „plîngăcioşi", Emil Constantinescu şi-a permis luxul unui nou acces de „sinceritate". Pe 25 februarie, în cadrul Conferinţei Asociaţiei Medicilor şi Farmaciştilor Ţărănişti, el a spus: „În societatea românească continuă să vorbească cu aplomb şmecherii, golanii, inculţii sau foştii membri ai poliţiei politice sau foştii activişti, care ne terorizează astăzi mai mult decît ne terorizau înainte. [...] Este chiar mai grav ca înainte. Nu am fost o victimă a Securităţii în regimul Ceauşescu, dar astăzi, sub regimul Constantinescu, sînt o victimă a Securităţii lui Ceauşescu. Astăzi ei m-au bătut, astăzi ei m-au învins, într-un fel, pentru că pot să folosească libertăţile democratice ca să răspîndească orice, orice porcărie. Şi acest lucru se face cu complicitatea tuturor, inclusiv a oamenilor noştri cei mai apropiaţi, care preiau cancanuri, preiau zvonuri, preiau temele propuse şi fixate de către vechea clasă a activiştilor politici şi de către vechii securişti grupaţi în România Mare şi apoi în structurile PDSR. Ei ne-au dat temele pentru toate polemicile nefaste din ultimii ani."

Dincolo de faptul că un psihanalist ar putea interpreta în chip cît se poate de interesant aceste afirmaţii, ele merită cîteva sublinieri. În primul rind, „preşedintele învins" trece foarte repede cu vederea peste faptul că el însuşi a făcut parte – la un nivel mediocru, desigur, dar totuşi nu cel mai de jos – din partidul ai cărui foşti activişti îl terorizează astăzi. Apoi, aflăm în sfîrşit (dacă aveam cumva probleme de identitate naţională) că ţara e împărţită în două tipuri de golani: cei care-l enervează pe Iliescu (să ne amintim Piaţa Universităţii, în 1990) şi cei care-l persecută pe Constantinescu. Mai aflăm şi că locatarul Cotrocenilor este victima unei conspiraţii generale şi că persoanele pe care le-a ales de unul singur ca sfetnici şi colaboratori apropiaţi nu sînt altceva decît vîrful acestei conspiraţii. Dar cel mai grav lucru pe care-l aflăm este acela că şeful statului, „omul providenţial" din 1996, omul despre care ni se spune şi azi că ar fi singurul în măsură să asigure în continuare bunul mers al României, se declară un învins. „Astăzi ei m-au bătut, astăzi ei m-au învins", se căinează Emil Constantinescu. Stupefiantă declaraţie – şi probabil fără precedent, ceea ce nu e neapărat un element pozitiv – din partea unui preşedinte în funcţie, care încearcă, în plus, să obţină un al doilea mandat!

Dar cine e de vină pentru toate aceste rele? Oare nu regimul Constantinescu a tolerat persistenţa activiştilor şi a securiştilor, uitînd toate promisiunile de reformă morală făcute înainte de 1996? Oare nu regimul Constantinescu a numit securişti notorii în funcţii pe care nu le avuseseră nici măcar sub Ceauşescu? Oare nu chiar Emil Constantinescu şi-a ales drept consilieri persoane împotriva cărora fusese de mult prevenit? În toate acestea stă, de altfel, elementul tragic al „ieşirii" lui Emil Constantinescu: ceea ce spune el este, în mare măsură, adevărat, însă, prizonier al unei ambiţii sterile şi lipsit de dimensiunea unui om de stat, o spune prea tîrziu – la sfîrşitul unei perioade cînd ar fi putut să facă ceva, dar nu a făcut nimic. Securiştii cărora le dădea asigurări în 1995 l-au lăsat un timp să se joace de-a preşedintele, iar el s-a ferit să profite de îngăduinţa lor pentru a le dezmembra reţelele. Mărturisirile care vin prea tîrziu riscă să discrediteze în loc să atragă simpatii.

O ultimă lectură a frazelor rostite de Emil Constantinescu ne pune în faţa acestei înspăimîntătoare realităţi: soarta ţării se află între mîinile unui preşedinte învins şi ale unei coaliţii care, între două crize, se preface că supravieţuieşte.

•

Stimulat probabil de „terorile" prezidenţiale, Ion Iliescu a încercat să-şi atribuie şi el rolul de victimă, fără însă a izbuti să depăşească nivelul ridicolului. Fostul preşedinte a produs o scrisoare anonimă prin care este înştiinţat că la Cotroceni a fost pus la cale un plan de frînare a irezistibilei sale ascensiuni. Într-o primă fază, el ar urma să fie discreditat prin diverse manevre de dezinformare (de parcă ar fi nevoie de dezinformare pentru a-l discredita pe Ion Iliescu!). Apoi, ar trebui să se treacă la manevre mai subtile de culpabilizare a colegilor şi simpatizanţilor săi. Dacă nici aşa nu i s-ar reuşi neutralizarea, ultima soluţie propusă ar fi eliminarea fizică. Dar nu pe orice cale! Împotriva lui ar trebui să se declanşeze un adevărat război, care ar începe cu arme bacteriologice (pentru a-i provoca cu întîrziere un infarct de miocard) şi s-ar încheia cu bombe în toată regula – toate acestea mînuite de comandouri importate de la vecinii răsăriteni[1].

Pornind de la astfel de declaraţii, se poate prevesti o campanie electorală lungă şi pitorească, în timpul căreia interesele

---

[1] Oricît ar părea de aberante, aceste afirmaţii au fost făcute de Ion Iliescu, rămas, fără îndoială, sub impresia „informaţiilor" delirante răspîndite în decembrie 1989 şi ianuarie 1990 în legătură cu teroriştii supranaturali care se dezlănţuiseră imediat după răsturnarea lui Ceauşescu.

ţării vor fi, din nou uitate. Însă mai e ceva: cei care, cu orice ocazie, reaiau şi amplifică vechea temă a „prestigiului internaţional" se gîndesc oare că ambasadele străine sînt obligate să includă toate aceste „ciudăţenii" în rapoartele lor? Şi se întreabă oare ce impresie produc în cancelariile occidentale un executiv care se blochează la fiecare două luni, un preşedinte fără putere şi învins de la începutul mandatului său, un candidat care se simte ameninţat de atacuri bacteriologice şi o clasă politică asupra căreia se acumulează suspiciunile şi dosarele penale?

# DESPRE REGIUNI ŞI FEDERALISM

În luna martie [2000] vor fi perfectate formalităţile necesare constituirii „euroregiunii Prutul Superior", ca urmare a foarte neinspiratului Tratat semnat în 1997 între România şi Ucraina. Din această nouă entitate administrativă vor face parte judeţele Suceava şi Botoşani din România, Bălţi şi Edinet din Republica Moldova, şi regiunea Cernăuţi din Ucraina. În ciuda impresiei că această iniţiativă ar putea reprezenta un prim pas spre reunificarea românilor de pe cele două maluri ale Prutului, ne aflăm în faţa unei situaţii ale cărei origini sînt destul de îndepărtate şi ale cărei intenţii ne sînt mai puţin favorabile decît s-ar crede.

Ce este o „euroregiune"? Prima definiţie care i se poate da este aceea de *unitate administrativă transfrontalieră*. Deci, o construcţie artificială, care nu ţine cont de existenţa unei frontiere.

Originea acestei idei este dublă. În primul rînd, o găsim, în Occident, într-o serie de texte publicate de-a lungul anilor 60 şi care preconizau o integrare europeană mergînd pînă la federalizare. Dar cum federalizarea presupunea menţinerea unor rudimente ale actualelor state – ceea ce nu era pe gustul „părinţilor Europei" –, faza ultimă a integrării urma să fie „regionalizarea" continentului. Dispariţia în magma europeană a statelor naţionale şi centralizate este anunţată încă din 1962 de istoricul Denis de Rougemont, un intelectual aparţinînd extremei stîngi. Ideea „Europei regiunilor" este lansată.

De atunci, ea a fost dezvoltată şi perfecţionată, punctul culminant fiind înfiinţarea, în 1975, a Fondului european de dezvoltare regională. Scop ultim al actualei Uniuni Europene, viitoarea federaţie europeană va însuma o multitudine de entităţi autonome constituite pe criterii etnice, culturale şi lingvistice. „Statul naţional este o entitate artificială care oprimă diversităţile interne", se afirmă în lucrarea *Europa regiunilor* editată de Centrul european al culturilor. „Regiunea este locul de dezvoltare a cetăţeanului. O Europă fondată pe state perpetuează ordinea existentă. Trebuie, deci, operată o dublă evoluţie, depăşind statele de jos în sus (regiunile) şi de sus în jos (Europa)."

Programul e destul de limpede. Iar Gheorghiu-Dej s-a arătat, înfiinţînd Regiunea Mureş Autonomă Maghiară, un precursor. Desigur, el era inspirat de Moscova, dar acest detaliu nu schimbă cu nimic realitatea.

Înflăcăratele discuţii despre federalizare care s-au purtat recent în România nu sînt lipsite de temei. Ciudăţenia vine din faptul că ele au fost condamnate tocmai de susţinătorii cei mai fervenţi ai integrării europene – adică exact de cei care ar fi trebuit să ştie că federalizarea la scară continentală este înscrisă în scopurile Uniunii Europene. De ce, atunci, revolta lor împotriva celor care evocau această perspectivă? Căci e foarte posibil ca, peste un număr mai mult sau mai puţin mare de ani, cînd România va face parte din structurile europene şi cînd procesul de regionalizare va fi dus la bun sfîrşit, să nu vorbim despre „regiunea România", ci despre alte entități *autonome* bazate pe unitatea de limbă și cultură[1].

În ce ne privește, însă, prima idee de acest fel nu a fost lansată de Bruxelles, ci de Moscova. La sfîrșitul lui decembrie 1989, imediat după căderea lui Ceaușescu, la București a fost evocată problema Basarbiei. Atunci, Gorbaciov a oferit o soluție cum nu se poate mai „europeană". El a propus, ca primă etapă, *permeabilizarea* frontierei răsăritene a României, urmînd să se treacă apoi la *spiritualizarea* ei. Adică transformarea ei într-o linie pur simbolică a cărei vocație este dispariția progresivă. Este exact ce se întîmplă în interiorul „spațiului Schengen" din cadrul Uniunii Europene. O idee la fel de vizionară ca aceea a lui Gheorghiu-Dej! Dar oare nu asta înseamnă faimoasa „casa comună europeană" – propusă nu de Gorbaciov, așa cum se crede îndeobște, ci de Brejnev, în 1981! – la care a aderat, cu entuziasm, întregul Occident?… Și oare propunerea lui Gorbaciov nu a fost reluată, de mai multe ori, de către Elțîn care spunea: Dacă România și Republica Moldova vor să se unească, putem desființa frontiera.

Într-un fel, apariția noii „euroregiuni a Prutului Superior" răspunde concepțiilor bruxello-moscovite asupra viitorului continentului.

Revolta entuziaștilor integrării europene nelimitate împotriva Partidului Moldovenilor sau a Fundației Pro-Transilvania e, din propriul lor punct de vedere, nejustificată și chiar ridicolă: în acțiunea lor, dnii Simirad și Gherman, fondatorii acestor mișcări, se dovedesc perfect europeni. Intențiile lor autonomiste fac parte din ideologia europeană de 38 de ani! Și de aceea ar putea să și reușească. Tot ce le trebuie e puțină răbdare.

---

[1] Problemele pe care le întîmpină Uniunea Europeană, din ce în ce mai șubredă și mai neinspirată, au pus deocamdată în surdină proiectul federal, extrem de criticat, de altfel, în toate țările membre.

Într-un moment de entuziasm, fostul secretar de stat american James Baker preconiza construirea unei „case comune" de la Vancouver la Vladivostok. În 1992, OSCE îşi însuşea această idee. În această ciudată clădire căreia „euroregiunile" iniţiate de România îi servesc de premisă, nu vom mai fi vecini cu Rusia, ci colocatari. Dar experienţa ne-a învăţat, ani de-a rîndul, ce lucru insuportabil poate fi coabitarea!

# UN DETALIU
# DESPRE CĂDEREA COMUNISMULUI

Între 1989 şi 1991, prăbuşirea majorităţii regimurilor comuniste (dar nu şi a ideologiei sau a reţelelor comuniste din lume) a intrigat pe mulţi observatori, care nu au izbutit să explice acest fenomen decît prin „presiunea militară" americană. Explicaţie puţin convingătoare, din mai multe puncte de vedere.

În primul rînd, pentru că Occidentul nu avea nici o intenţie de a ataca Uniunea Sovietică, ceea ce Moscova ştia foarte bine. Aşa-zisa „presiune militară" a Vestului era strict defensivă. Teoria pretinde că blocul comunist s-a destrămat de teama Iniţiativei Strategice de Apărare susţinută de Ronald Reagan şi cunoscută sub numele de „războiul stelelor". Este vorba despre un sistem de sateliţi care ar putea intercepta şi distruge în zbor rachetele purtătoare de capete nucleare[1]. Teoria este şubredă pentru că porneşte de la premisa absolut neverificată că Uniunea Sovietică avea intenţia fermă de a declanşa un atac nuclear împotriva Satelor Unite. Dar şi pen-

---

[1] Actuala bază de la Deveselu adăposteşte instalaţii de acest tip. Eficacitatea lor nu a fost cu adevărat dovedită, iar ultimul tip de rachete ruseşti, testate în Siria, zboară prea jos şi prea repede pentru a fi interceptate.

tru că istoria nu ne dă nici un exemplu al vreunei puteri care să se fi prăbuşit din cauza faptului că inamicul său *intenţionează* să dezvolte un sistem de apărare!

În al doilea rînd, la sfîrşitul anilor 80, „războiul stelelor" nu era decît un proiect, care nu făcuse obiectul unor teste serioase şi pe care, în plus, Congresul american nu avea intenţia să-l finanţeze. Dată fiind eficacitatea spionajului sovietic, e greu de crezut că Moscova ignora stadiul incipient şi incert în care se aflau lucrurile. Cum putem să credem că un imperiu agresiv ca Uniunea Sovietică, mărit şi consolidat vreme de atîtea decenii, s-a prăbuşit dintr-o dată – termenul corect fiind mai degrabă „s-a sinucis" – de teama unui *proiect*? O astfel de analiză, evident greşită, crează în Occident iluzia unei puteri inexistente, contribuind astfel, în realitate, la slăbirea lui.

Discuţiile din ultima vreme nu fac decît să întărească argumentele de mai sus. Statele Unite, decise să reia, în ciuda protestelor ruse, proiectul Iniţiativei de Apărare Strategică, s-au grăbit să asigure Moscova că acesta nu este eficace decît împotriva unor atacuri punctuale, provenind din ţări cu un potenţial nuclear redus. Oficialii americani au afirmat limpede că sistemul de apărare anti-rachete pe care *doresc* să-l producă nu ar face faţă unui atac lansat de Rusia. În anul 2000, sîntem, deci, încă în domeniul ipotezelor de lucru. Cum putem crede că, acum zece ani, ele au dus la destrămarea imperiului sovietic?

Şi, detaliu cu atît mai semnificativ, foarte recentele experienţe întreprinse de armata Statelor Unite s-au dovedit a fi un eşec!

Faptul că nu teama de o apărare occidentală perfecţionată a condus la schimbările din 1989-1991 devine în felul acesta absolut evident. Iar întrebările îngrijorătoare ce rezultă sînt: care a fost, în acel moment, adevărata motivaţie a Moscovei şi în ce măsură evenimentele de atunci se înscriu într-un plan pe termen lung pe care Rusia ar putea să continuie, azi încă, să-l aplice? Întrebări neplăcute pentru Occident, dar în special pentru vecinii apropiaţi ai Rusiei.

În orice caz, acapararea pe faţă a puterii, la Moscova, de către „foşti” agenţi ai KGB-ului nu este de natură să liniştească decît pe optimiştii irecuperabili…

15 martie 2000

*Editorial*

# NOI, CEI DE DEPARTE

„Românii, după ce apucă la ceva, numai pre cei mişei înalţă, iară pre cei vrednici îi urgisesc, îi strică unde pot, ca ei singuri să se vadă a fi temeiurile neamului... Pilde vii aş putea aduce aici, dar acelea se vor tipări numai după răposarea mea, ca nu cumva să mă gonească iar taurii din cucuruz." Îşi va fi imaginat oare Ion Slavici, scriind aceste rînduri amare, cu cît zel devastator avea să i le confirme posteritatea? Românii – se obişnuieşte să se spună – n-au fost niciodată un popor de emigranţi. Poate. Dar cît de mulţi români au fost împinşi la exil! Şi, în aceasta, comunismul nu poate revendica nici o întîietate...

Fără a urca prea mult cursul timpului, să ne gîndim la „paşoptiştii" care, înainte de a li se îngădui să construiască România modernă, au cunoscut cu toţii surghiunul. Să ne gîndim la Cuza, cel sub numele căruia s-a înfăptuit Unirea şi care a murit printre străini. Să ne gîndim, apoi, la Caragiale, care ne-a descris atît de îngrozitor de bine încît a trebuit să ia drumul străinătăţii. Dar toţi cei care – savanţi sau artişti – nu s-au putut împlini decît pe alte meleaguri? Ce s-ar fi ales în România de Brâncuşi, de Enescu, de Eliade, de Ionesco, de Cioran?... Ce s-ar fi ales de Persu, Levaditti sau Coandă? Şi de atîţi alţii... Exilul lor a început înainte de închiderea ţării în oroarea comunistă. De exilul lor e responsabilă doar acea meteahnă pe care o descrie Slavici. Să fie oare adevărat că România nu-şi iubeşte fiii?

Teribilă întrebare! Şi teribil e răspunsul descifrat în atîtea destine înstrăinate.

Unii au fost izgoniţi; alţii au fost lăsaţi să plece. Iar în urma lor n-a rămas decît indiferenţă, dacă nu chiar uşurare. Tîrziu, după moarte, au fost aşezaţi cu toţii printre miturile naţiunii şi li s-au organizat parastase frenetice. Ce semn de nesiguranţă, de slăbiciune chiar, pentru un popor, acela de a nu-şi recunoaşte valorile decît după ce au fost consacrate de alţii!

Din mod de împlinire, exilul s-a transformat, după ce comunismul s-a abătut asupra României, în mod de supravieţuire. Pentru unii, rămînerea în ţară ar fi însemnat oroarea anchetelor de Securitate, a închisorilor, a domiciliilor forţate, sau poate chiar moartea; pentru alţii, rămînerea în ţară ar fi însemnat acceptarea unei vieţi al cărei orizont îngust era desenat de partid şi de Securitate.

Obsesia „fugii" s-a instalat în spiritul românilor – nefirească formă de a spera mai binele – şi, pentru mulţi, nu s-a şters nici azi. Dar cîte destine s-au frînt sub povara acestei aşteptări care nu mai devenea realitate! Cîte destine s-au topit în resemnarea acelui „n-a fost să fie" care exprimă prea tîrziu speranţa că fuga ce n-a putut avea loc ar fi schimbat totul... Şi cîte destine strîmbate chiar printre cei care au izbutit, printre cei care, ajunşi „dincolo", s-au trezit dureros dintr-un vis pe care îl descifraseră greşit.

Partidul şi Securitatea ne numea „transfugi" – iar dispreţul pe care îl conţinea acest cuvînt nu era egalat decît de invidia celor „rămaşi". Cu anii, dispreţul şi invidia s-au amestecat într-un singur sentiment care, poate, nu are nici un nume, un sentiment colectiv de ruptură şi refuz pe care l-au simţit toţi cei care, după 1990, au dat semne că ar dori să se întoarcă. Un sentiment care se materializa în acel mizerabil „voi n-aţi mîncat salam cu soia!" ce ne era aruncat în faţă de cîte ori îndrăzneam – noi, cei de departe – să refuzăm regulile absurde ale spectacolului care se joacă în România. După ce, ani de-a rîndul, fusesem priviţi – pînă la a ni se face ruşine – ca nişte salvatori, am devenit stingheritori în chiar clipa cînd unii dintre noi au arătat că ar vrea să parcurgă drumul înapoi. Pentru asta, preţul era unul singur şi foarte ridicat: intrarea fără a crîcni în jocul despre care, chiar cei de „acolo", ne vorbiseră atît de rău. Ce trebuia să înţelegem? Că România voise doar să scape de Ceauşescu, refuzînd apoi cu îndărătnicie să încerce a se însănătoşi? Că totul fusese atît de înspăimîntător pervertit încît boala era luată drept vigoare?

Atunci, printre noi, cei de departe, uimirea, dezamăgirea primei clipe s-a schimbat în teribilă confuzie. Unii, acceptînd ce li se cerea să accepte, s-au întors fără a se întoarce, cu riscul de a se pierde definitiv într-un marasm pe care începuseră prin a-l condamna şi au sfîrşit prin a nu-l înţelege. Alţii, încurcaţi între cuvinte – oare ce vom fi: exilaţi sau emigranţi? – şi uitînd că, toţi, sîntem, pur şi simplu, dezţăraţi. Totul s-a răsturnat într-un joc grotesc de oglinzi falsificatoare: acum rîvnim la cinstea de a fi băgaţi în seamă de personaje ţîfnoase care, cu zece ani în urmă, visau în taină să ne întîlnească măcar o dată.

Într-un anume fel, am redevenit „transfugi". Numai că, acum, cei care ne privesc astfel nu mai sînt nici securiştii, nici activiştii de partid. Acum, nu ne-o mai spune nimeni în faţă, nu ne mai „înfierează" nimeni în şedinţe solemne. Acum o simţim doar, în chip difuz, printr-un soi de indiferenţă menită să ne ţină departe. „Voi nu puteţi înţelege", ne spun, cu un aer puţin plictisit, cei care, nu de mult, ne cereau încă sprijinul. Şi fiecare dintre aceste cuvinte sună ca o uşă trîntită la care batem uneori cu o insistenţă inutilă.

O nouă depărtare s-a aşezat între „aici” şi „acolo”, o depărtare pe care s-ar putea ca nimic să nu o mai poată anula.

Să nu-şi iubească România fiii? O, desigur, în chip declamator, melodramatic, ea îi iubeşte. Dar nu are nevoie de ei. Ceea ce este nesfîrşit mai trist şi mai îngrijorător...

# CRIZA CONTINUĂ...

Demisia lui Victor Babiuc din Partidul Democrat – care, în condiţii normale, ar fi trebuit să fie un non-eveniment – continuă să dea peste cap întreaga viaţă politică a ţării. Şi asta pentru simplul motiv că dl Babiuc, în ciuda declaraţiilor sale iniţiale şi a faptului că nu mai are nici un sprijin politic, se obstinează să-şi păstreze portofoliul ministerului Apărării, încurajat de anumite cercuri care-şi închipuie că dau dovadă de subtilitate politică. Rezultatele sînt însă deplorabile, primul dintre ele fiind acela că ţara se regăseşte – pentru a cîta oară? – întro situaţie de blocaj.

Partidul lui Petre Roman, căruia îi revine prin „algoritm" ministerul Apărării, a acuzat PNL de a-l fi ademenit pe Victor Babiuc şi preşedinţia de a fi sprijinit „dezertarea" lui. Că aceste acuzaţii conţin sau nu un grăunte de adevăr nu are nici o importanţă. Important e faptul că Partidul Democrat a găsit încă un motiv de a stîrni un scandal. Boicotarea şedinţelor de guvern a fost urmată de o participare limitată la reuniunile Parlamentului. S-a continuat prin afirmarea publică a rupturii cu PNL.

Depăşit de o situaţie în care s-a dovedit că independenţa lui politică e departe de a fi, aşa cum crezuse, un avantaj, primul ministru Isărescu a sfîrşit prin a declara că rezolvarea crizei este de competenţa liderilor politici ai coaliţiei. Aceştia au fost deci convocaţi pentru a discuta, pe de o parte, înlocuirea lui Victor Babiuc cu Sorin Frunzăverde, noul „ales" al Partidului Democrat, şi, pe de altă parte, un set de legi prioritare. Modul de abordare a celor două subiecte a enervat, însă, pe dl Roman, care a părăsit sala, împreună cu adjuncţii săi. În aceeaşi zi, Partidul Democrat şi-a convocat responsabilii teritoriali pentru a discuta o eventuală ieşire din coaliţia guvernamentală.

Darea poalelor peste cap nu s-a oprit însă aici. Războiul Roman-Babiuc a fost extins şi asupra ministerelor pe care cei doi le conduc. Fără ca Victor Babiuc să fi fost înştiinţat, ministerul de Externe i-a anulat o serie de întîlniri internaţionale, creind astfel situaţii penibile ale cărei primă victimă este, evident, România. Între surprindere şi ironie, presa occidentală a comentat, de altfel, imediat, lamentabilul spectacol de la Bucureşti.

Pe 13 martie, la aproape o lună de la plecarea lui Victor Babiuc din Partidul Democrat, situaţia e departe de a se fi limpezit. După îndelungi discuţii, el i-a înmînat lui Mugur Isărescu demisia din postul de ministru al Apărării, dar, din motive obscure, acesta nu a transmis-o, aşa cum ar fi trebuit, preşedintelui Constantinescu. Pe de altă parte, asalturile din partea partidului lui Petre Roman l-au condus pe primul ministru să afirme, prin purtătorul lui de cuvînt, că nu exclude nici formarea unui guvern minoritar – fără Partidul Democrat, ceea ce ar însemna un blocaj în Parlament –, nici chiar propria sa demisie.

În aşteptarea alegerilor – a căror dată, potrivit Constituţiei, nu mai poate fi, începînd din acest moment, devansată – România pare a fi intrat într-o fază în care, cu excepţia scandalurilor, nu se va mai petrece nimic notabil. Pînă în ultimul moment, ceea ce se numeşte cu un termen perfect impropriu

,,coaliţia guvernamentală" s-a dovedit a fi o alcătuire nevia-
bilă. În detrimentul partidelor – ceea ce e mai puţin grav –,
dar în special în detrimentul ţării. Comentatorii care continuă
să pretindă că Occidentul e neliniştit la gîndul că actuala
,,majoritate" ar putea pierde alegerile, par a nu vedea sau a
nu înţelege teribilul vid de putere care se deschide în faţa lor.

# ALIANŢE

Certurile din guvern şi Parlament nu fac decît să accelereze negocierile în vederea constituirii de noi alianţe electorale. Unele sînt ciudate, la altele ne puteam aştepta.

Astfel, faptul că PNL a semnat un protocol cu PNŢCD pentru participarea pe liste comune la alegerile legislative este în ordinea lucrurilor. Ciudat e faptul că, doar cîteva zile mai tîrziu, Horia Rusu, vice-preşedinte al PNL, a anunţat posibilitatea nerespectării acestui protocol prin prezentarea de liste separate. Crin Antonescu, purtătorul de cuvînt al PNL, a mers mult mai departe, afirmînd că partidul său nu exclude o colaborare post-electorală cu PDSR, partidul lui Ion Iliescu[1]! Furia pe care această idee i-a stîrnit-o lui Ion Diaconescu nu a avut nici un efect.

Foarte activ, Ion Iliescu şi-a asigurat de pe acum sprijinul, de loc neglijabil numeric, al romilor. Pe de altă parte, semnînd o alianţă cu Partidul Umanist Român, al cărui preşedinte este proprietarul unui grup de presă[2], el îşi oferă posibilităţi

---

[1] De pe atunci, aşadar, găsim premisa alianţei PNL cu PSD, din care a ieşit mult discutatul USL.

[2] Partidul lui Dan Voiculescu, transformat mai tîrziu în Partid Conservator.

mediatice pe care alţi candidaţi nu le au. „Polul Social Democrat din România" născut în urma acestei alianţe (sigla PDSR este, deci, menţinută) va „conlucra strîns" cu Vatra Românească, formaţie a cărei reputaţie este dintre cele mai proaste, dar care îi va aduce procente preţioase. Prin comparaţie, cele cîteva voturi suplimentare pe care le poate obţine prin de mult anunţata alianţă cu partidul lui Radu Câmpeanu nu-i vor servi decît pentru dobîndirea unui iluzoriu prestigiu „liberal". Însă adevăratele „lovituri" politice sînt în altă parte. Eventuala colaborare cu PNL – care, de altfel, nu ar fi prima – îi va deschide lui Ion Iliescu noi şi importante perspective. Pe de altă parte, el „priveşte cu interes" ideea lansată de Traian Băsescu, adjunctul lui Petre Roman, potrivit căruia „există intenţia" ca Partidul Democrat să constituie, după o posibilă retragere din guvern, un pol social-democrat căruia i s-ar asocia Partidul Social Democrat din România şi nou creatul partid al lui Radu Vasile. Intrat în acest grup, partidul lui Iliescu ar putea, în sfîrşit, să fie admis în Internaţionala Socialistă, ceea ce i-ar asigura o respectabilitate europeană la care nu a avut dreptul pînă acum. Şi, cum Radu Vasile preconizase de mult o alianţă cu PDSR, posibilităţile ca acest proiect să devină realitate nu sînt de neglijat.

De altfel, actuala criză politică ar putea să nu fie cu totul străină de „posibila retragere din guvern" a formaţiei conduse de Petre Roman. Deşi nu are mari şanse, el îşi păstrează ambiţiile. Şi nu este exclus ca, sub o formă sau alta, viitorul să i le confirme. Deocamdată, însă, participarea la guvern – mai ales în condiţiile în care rezultatele acestuia sînt mediocre – nu îi aduce nici un avantaj electoral. Dimpotrivă. De-a lungul campaniei ce urmează, dl Roman are, deci, nevoie să se îndepărteze sub o formă sau alta de executiv, fie şi prin adoptarea unei poziţii constant critice. În acest fel, el se disociază, în spiritul alegătorilor, de anumite măsuri neplăcute sau de eventualele eşecuri.

Pe de altă parte, ținînd cont de perspectiva unei rupturi definitive în cadrul „coaliției", ceea ce ar putea conduce la cîteva luni de guvernare minoritară, PNȚCD și PNL încep să facă o curte discretă partidului lui Ion Iliescu. Fostul președinte a încurajat aceste avansuri, dînd să se înțeleagă că nu ar fi opus ideii de a sprijini un guvern minoritar și de a participa la votarea unor legi care să fie în acord cu vederile sale.

Aceste contorsiuni, care, după toate probabilitățile, riscă să conducă la o nouă guvernare Iliescu-PDSR, dau măsura incapacității în care s-a aflat Convenția Democrată de a asuma rolul pe care l-a revendicat atîția ani. Rezultatul neclar al alegerilor din 1996, urmate de certurile dintre partide și de poticnelile executivului, sînt premisele situației de azi. Iar dacă Ion Iliescu și prietenii lui politici vor cîștiga alegerile din noiembrie, aceasta nu se va datora meritelor lor – a căror dovadă nu au știut să o facă vreme de șase ani –, ci slăbiciunilor actualilor guvernanți. În situația în care am ajuns, elanurile optimiste nu pot șterge neîmplinirile.

1 aprilie 2000

*Editorial*

# MIZA ALEGERILOR

Crizele care se repetă şi se înmulţesc, haosul pe care îl pricinuieşte apropierea alegerilor, senzaţia aproape constantă a vidului de putere – toate acestea demonstrează, în afară de proasta calitate a clasei diriguitoare, faptul că textul Constituţiei din 1991 a introdus în viaţa politică românească o serie de grave ambiguităţi şi incertitudini.

Dincolo de o foarte imperfectă separare a celor trei puteri – legislativă, executivă şi juridică –, dincolo de nediferenţierea atribuţiilor celor două camere ale Parlamentului, ceea ce conduce la blocaje inutile, dincolo de atîtea alte detalii care îngreunează funcţionarea instituţiilor vitale ale statului, Constituţia din 1991 a creat o mare confuzie în privinţa tipului de regim în vigoare. Lăsînd la o parte lipsa de legitimitate istorică a opţiunii republicane, în România nu se poate vorbi nici despre un sistem prezidenţial, nici despre unul parlamentar, ci despre un hibrid care permite derapaje de toate felurile, dar şi situaţii de o totală absurditate.

Iată, de pildă, că lacunele sistemului îngăduie unui partid aproape nesemnificativ din punct de vedere electoral (este vorba despre Partidul Democrat al lui Petre Roman) să controleze şi să blocheze o bună parte din activitatea politică a ţării. Iată că încercarea de demitere a unui prim-ministru (este vorba despre Radu Vasile) poate da naştere unor crize profunde şi inutil prelungite.

Puterea este împrăştiată – dar nu separată în sensul democratic – între diverse centre care îşi paralizează reciproc activitatea. Analiza constituţională şi politică este astfel mult îngreunată.

Punctul de vedere general acceptat defineşte regimul din România ca fiind prezidenţial slab – cu alte cuvinte, un regim în care prerogativele preşedintelui sînt limitate de cele ale Parlamentului şi, prin mijlocirea acestuia, de cele ale guvernului. Este o interpretare discutabilă – şi poate chiar abuzivă – a textului constituţional, dar ea a permis explicarea multor inacţiuni ale şefului statului, iar acum, la începutul campaniei electorale, ea serveşte celor care se luptă să demonstreze că preşedintele nu poate fi considerat responsabil pentru eşecurile ultimilor ani. Cu alte cuvinte, pe măsură ce se apropie alegerile, echipa de la Cotroceni urmată de o parte a presei încearcă să dea despre preşedinte imaginea unui personaj căruia legea supremă a ţării nu-i atribuie decît foarte puţine puteri.

Aici, însă, intrăm în plin paradox. Dacă rolul în stat al preşedintelui e atît de neînsemnat cum se spune de la o vreme, de ce ni se prezintă drept o catastrofă eventuala lui înfrîngere la alegerile din toamnă? Şi dacă, într-adevăr, preşedintele nu are de spus decît un cuvînt prea puţin important în treburile ţării, atunci înseamnă că puterea se află în altă parte, mai exact între mîinile Parlamentului şi ale guvernului. În acest caz, ne putem întreba: de ce formaţiunile de centru şi de dreapta, de ce o serie de publicaţii importante şi de personalităţi construiesc născînda campanie electorală numai împrejurul persoanei lui Emil Constantinescu?

Potrivit sondajelor, actualul preşedinte nu va fi reales în toamnă. Şi, tot potrivit sondajelor, începînd cu luna noiembrie vom avea un Parlament – deci un guvern – de stînga. Această ultimă eventualitate nu tulbură, însă, din cale-afară pe comentatorii şi intelectualii noştri. De ce oare?

Slabele rezultate ale CDR la alegerile din 1996 au avut două efecte: obligaţia de a crea o coaliţie contra naturii cu partidul lui Petre Roman şi necesitatea acreditării acestei coaliţii şubrede prin persoana preşedintelui – în ciuda faptului că el însuşi a fost ales doar cu ajutorul d-lui Roman. În imaginarul politic românesc şi din pricina neclarităţilor constituţionale, Emil Constantinescu a devenit astfel simbolul actualei guvernări. În plus – acesta fiind un subiect ce merită o tratare aparte – românii sînt departe de a fi reuşit să se vindece de tentaţia cultului personalităţii, ceea ce falsifică în mare măsură dezbaterea şi analiza politică.

Pe de altă parte, „strategii" de la Cotroceni sînt convinşi încă din 1997 că o coabitare Constantinescu-PDSR poate fi avantajoasă pentru imaginea preşedintelui. Dar, din moment ce acţiunea preşedintelui este atît de puţin convingătoare chiar dispunînd de un guvern ce-i este – măcar teoretic – favorabil, la ce ne putem aştepta din partea lui în cazul în care ar fi nevoit să guverneze cu o majoritate de stînga? Şi cu atît mai mult cu cît, din motive electorale, opinia publică este convinsă că posibilităţile lui de acţiune sînt restrînse.

Propaganda ce se dezvoltă în România exclusiv împrejurul d-lui Constantinescu reflectă mai degrabă grija pentru cariera lui politică decît pentru binele ţării. Fără îndoială, revenirea lui Ion Iliescu în fruntea statului ar fi un lucru cît se poate de prost. Dar faptul că PDSR are aproape toate şansele de a obţine majoritatea absolută în Parlament – deci de a forma de unul singur guvernul – e mult mai periculos.

De la bun început, miza alegerilor ar fi trebuit să fie nu rămînerea la Cotroceni a lui Emil Constantinescu, ci asigurarea unei majorităţi parlamentare absolute pentru CDR. Slabi încă din 1996 şi slăbiţi de scandalurile pe care n-au ştiut să le evite, preşedintele şi Convenţia Democrată au ales curioasa strategie de a se trage în jos reciproc. Destinele personale au fost favorizate în detrimentul acţiunii, s-a preferat stagnarea pentru a nu se pierde alegătorii. Şi, în cele din urmă, nu s-a mai ştiut nici măcar cine conduce ţara. Chiar dacă, printr-un miracol, Emil Constantinescu va fi reales, majoritatea de stînga îi va bloca orice (improbabilă) iniţiativă. Va fi rezultatul unei campanii prost concepute, în care s-a pariat pe un om, cînd în joc este soarta unei ţări.

# DIN NOU SCANDALURI

Demiterea lui Victor Babiuc din postul de ministru al Apărării şi numirea, în locul lui, a unui alt membru al PD, Sorin Frunzăverde, nu a calmat decît parţial şi pentru scurtă vreme tensiunile în clasa politică românească.

Tensiune, în primul rînd, între partidul lui Petre Roman (PD) şi PNL, acuzat de a fi la originea „dezertării" lui Victor Babiuc. Valeriu Stoica, prim-vice-preşedintele liberal, care, în calitatea sa de ministru al Justiţiei, încearcă să obţină adoptarea unui set de legi reformatoare, îşi vede proiectul blocat, ca măsură de represalii, de către colegii d-lui Roman. Dar, în mod ciudat, el este mai degrabă susţinut de PDSR, care speră o alianţă post-electorală cu liberalii.

Totodată, în cadrul reuniunii naţionale a PD s-a votat împotriva ideii ieşirii acestui partid de la guvernare. În schimb, fricţiunile din cadrul CDR au condus PNL să evoce posibilitatea retragerii sale din guvern. Ceea ce, evident, ar conduce la blocarea totală a situaţiei pînă la alegerile din noiembrie.

Între timp, o mare agitaţie s-a produs împrejurul lui Petre Roman pe care Victor Babiuc îl acuză că s-a răzbunat pentru plecarea sa din PD blocînd activitatea internaţională a ministerului Apărării. Între altele, în ultimele sale zile de ministeriat, dl Babiuc a aflat că ministerul de Externe, condus de Petre Roman, a anulat fără să prevină pe nimeni vizita în România a ministrului olandez al Apărării. Dl Roman se apără spunînd că nu ştie nimic despre acest subiect. Şi totuşi, propriul său minister este cel care a cerut demnitarului olandez să-şi amîne vizita. Fără îndoială, transpunerea în plan naţional şi diplomatic a animozităţii lui Petre Roman contra d-lui Babiuc este o practică cu totul inacceptabilă. Senatorul Radu F. Alexandru, fost coleg de partid al lui Petre Roman, a pronunţat un adevărat rechizitoriu împotriva acestuia, cerînd şefului statului să-l demită fără întîrziere din funcţia de ministru de Externe. Senatorul Alexandru Paleologu a mers mai departe, propunînd trimiterea lui în faţa Curţii marţiale. Deşi iniţiativa lui Petre Roman este deosebit de gravă – în special pentru că ea proiectează în străinătate o imagine deplorabilă a executivului de la Bucureşti – la Cotroceni nu s-a înregistrat nici o reacţie.

Un alt scandal îl priveşte pe Ion Iliescu. Pe baza unor documente subtilizate la ministerul de Externe – un minister unde, aparent, fiecare face ce vrea şi toată lumea se poate servi liber din fondurile arhivistice –, fostul preşedinte este acuzat de negocieri secrete cu Moscova, în perioada 1993-1995, pentru instalarea unei linii telefonice directe între Kremlin şi Cotroceni. Este vorba despre aşa-zisul „fir roşu". Deşi perioada vizată nu e chiar atît de îndepărtată în timp, nimeni nu pare să-şi amintească exact ce s-a întîmplat atunci. Ion Iliescu neagă, iar Teodor Meleşcanu, ministrul de Externe ai acelor ani, are amintiri trunchiate. La rîndul ei, presa, care nu a avut acces la tot dosarul, complică înţelegerea faptelor prin amalgamul de informaţii şi presupuneri. Cîteva ziare consideră chiar că deţin prin aceste semi-revelaţii dovada faptului că Iliescu voia să vîndă România Rusiei.

Nimeni nu se îndoieşte de simpatiile moscovite ale lui Ion Iliescu, dar faptul că informaţia despre „firul roşu" a apărut pentru prima oară într-un ziar rusesc (*Zavtra*) apropiat de KGB ar trebui analizat şi interpretat cu mai multă atenţie. Moscova – mai ales acum, cînd Putin a împînzit diversele instituţii ruseşti cu agenţi ai serviciilor secrete – nu poate decît să se bucure de perspectiva revenirii la putere a d-lui Iliescu. Atunci, de ce o publicaţie KGB-istă s-ar apuca să-i pună beţe în roate tocmai la începutul campaniei electorale? De ce ar încerca agenţii KGB să compromită tocmai pe omul care le-ar putea fi cel mai util în România? Graba presei româneşti a omis astfel de întrebări care pot deschide o discuţie complexă, presupunînd manipulări mult mai vaste şi mai subtile decît simpla murdărire a lui Ion Iliescu. De pildă: nu cumva, în ciuda aparenţelor, Moscova preferă un *alt* preşedinte pentru România? Şi, dacă da, cine ar fi acesta?

În orice caz, înmulţirea scandalurilor, implicarea – fie şi numai prin neglijenţă – a ministerului de Externe, blocajele politice şi instabilitatea au efecte extrem de proaste asupra situaţiei ţării. Între altele, se recunoştea nu de mult, că procesul integrării europene a ajuns, din toate aceste motive, într-un punct mort. Ceea ce este contrar intenţiilor afişte la Bucureşti…

# BLAIR-PUTIN:
# ÎNŢELEGERE CORDIALĂ

În 1984, Margaret Thatcher se întîlnea, la Londra, cu Mihail Gorbaciov şi devenea prima ferventă admiratoare occidentală a celui care, un an mai tîrziu, era numit secretar general al Partidului comunist al Uniunii Sovietice. Urmaşul d-nei Thatcher, primul ministru Tony Blair, a ţinut să continue această tradiţie şi să fie întîiul dintre liderii occidentali care se lasă fascinat de Vladimir Putin.

Dl Blair – atît de virulent anul trecut, în timpul războiului din Iugoslavia[1] – s-a grăbit, încă înainte de a ajunge pe solul rusesc, să „denunţe" actele de terorism de care se fac vinovaţi cecenii. Asta, desigur, tocmai cînd se dovedise că atentatele de la Moscova de anul trecut fuseseră „montate" de serviciile secrete ruseşti... Adoptînd *ad literam* punctul de vedere al Moscovei, dl Blair a apreciat că ofensiva lansată de Rusia nu are alt scop decît combaterea terorismului.

Bineînţeles, cum lumea întreagă a văzut care este modul în care Rusia „combate terorismul", masacrînd, de-a valma,

---

[1] La fel de virulent a fost dl Blair şi cînd a susţinut invadarea Irakului în virtutea probelor false prezentate de Statele Unite. O atitudine care nu i-a fost iertată nici după ce, ani de zile mai tîrziu, a recunoscut că minţise şi şi-a cerut scuze.

bătrîni, femei şi copii, Tony Blair a împins curajul pînă la a-i recomanda (nu a-i cere, doar a-i *recomanda*) lui Putin „să dea dovadă de reţinere". Greu de înţeles ce poate însemna reţinerea în contextul măcelului declanşat de Moscova... În orice caz, cu sau fără reţinere, Blair i-a propus lui Putin să-i dea lecţii de „modernism" prin intermediul unei echipe de experţi politici şi economici britanici care se vor deplasa la Moscova pentru a ajuta la punerea în practică a reformelor pe care Rusia le tot începe de zece ani fără nici un rezultat.

La plecarea spre Londra, Tony Blair s-a arătat entuziasmat de întîlnirea cu Putin şi a declarat că susţine lupta acestuia contra terorismului. Primul mare succes al fostului KGB-ist. În orice caz, primul cu care se poate lăuda în văzul lumii...

# LECŢIA UITATĂ DE LA TIMIŞOARA

*The Sunday Times* a publicat afirmaţia unui general german, potrivit căruia operaţiunea prin care Belgradul viza eliminarea întregii populaţii albaneze din Kosovo nu era decît o invenţie a ministerului german al Apărării şi a serviciilor secrete bulgare.

La rîndul său, *Berliner Zeitung* din 24 martie a prezentat pentru prima oară raportul de autopsie al morţilor de la Racak – locul în care s-a comis „masacrul" care a condus la începerea războiului de anul trecut împotriva Iugoslaviei. Ziarul afirmă că, potrivit raportului, un singur corp poartă semne care ar putea indica o execuţie. Ziarul german citează de asemeni un reporter francez care se afla la faţa locului în ziua „masacrului" şi care afirmă că a văzut patru răniţi în timpul luptelor şi a auzit despre un mort, dar nu i s-a spus nimic despre o execuţie în masă.

Cum Racak era, potrivit unui alt ziarist francez citat de *Berliner Zeitung*, o fortificaţie a UCK[1], confruntările militare ar explica această situaţie.

---

[1] Organizaţia politică şi militară a albanezilor din Kosovo pe care în 1998 Departamentul de Stat american o prezenta drept teroristă, dar pentru apărarea căreia, un an mai tîrziu, administraţia de la Washington a decis începerea unui război împotriva Serbiei.

Ziarul german se mai întreabă de ce raportul de autopsie, datorat unei echipe de medici finlandezi, a fost ţinut secret timp de mai bine de un an. Într-adevăr, dacă el ar fi dovedit clar o execuţie în masă, ar fi fost firesc să fie publicat înainte de începerea acţiunii NATO.

În concluzie, *Berliner Zeitung* afirmă că e posibil ca „masacrul de la Racak" să fi fost un montaj în care (ca la Timişoara) un număr de cadavre au fost prezentate opiniei publice internaţionale ca fiind cele ale unor civili executaţi în chip barbar.

După cum în Bosnia intervenţia occidentală a fost declanşată de o bombă despre care nimeni nu ştie încă de unde provenea, „masacrul de la Racak" a fost util pentru dezlănţuirea unei operaţiuni militare occidentale care, din motive foarte complexe şi nu neapărat logice, nu mai putea aştepta.

3 mai 2000



# PLEDOARIE PENTRU INTRANSIGENŢĂ

De-a lungul ultimilor zece ani, românii – ca, de altfel, majoritatea esteuropenilor – au descoperit că ieşirea din vechiul sistem însemna trecerea într-o realitate foarte îndepărtată de cea pe care şi-o închipuiseră înainte de 1989. Persistenţa unor structuri comuniste şi securiste, ambiguităţile de tot felul, teama de reforma morală, încremenirea într-o „tranziţie" fără sfîrşit – sînt boli de care suferă întreaga zonă fostă sovietică, dar care, în România, se manifestă cu mai multă virulenţă decît în alte ţări. Boli a căror apariţie nu fusese intuită de nimeni pe vremea regimului de „democraţie populară". Atunci, cei care mai aveau forţa să spere erau convinşi că eliberarea avea să însemne intrarea imediată într-o lume a împlinirilor fireşti, o lume din care urma să dispară tot ce, în universul comunist, întruchipase chinul şi umilinţa.

Din toate aceste aşteptări, foarte puţine au devenit realitate. Celelalte s-au transformat în frustrări şi resentimente. Iar acestea, la fel ca înainte de 1989, s-au instalat în viaţa de zi cu zi – neputinţe cu care, încetîncet, ne obişnuim şi pe care sfîrşim prin a le accepta ca părţi ale destinului colectiv. Cît de teribile sînt acele „n-a fost să fie" sau „ce-o fi, o fi" pe care încercăm să le prezentăm drept înţelepciune, cînd ele nu sînt decît abandon!

Acceptările dinainte de 1989 se puteau explica fie prin frică, fie prin sentimentul inutilităţii oricărei rezistenţe. Dar cum se explică cele de după 1990? Cum se explică absenţa oricărei reacţii în faţa noii ascensiuni a lichelelor şi a impostorilor? De unde vine teribila uşurinţă a compromisului prin care ne contrazicem atîtea dintre calităţile cu care ne mîndrim?

În România de azi – unde, sub pretextul concordiei, a fost instalată o gravă confuzie morală –, a fi tratat de intransigenţă a devenit o insultă. Cel care se răzvrăteşte împotriva acestei confuzii se condamnă singur la excludere. Menţinerea cu încăpăţînare în viaţa publică a aceleiaşi categorii de lichele din vremea lui Ceauşescu sau chiar a lui Gheorghiu-Dej este primul element care infirmă realitatea revoluţiei. Înainte de 1989 existau cîteva sute de mii de indivizi cărora nimeni nu le-ar fi strîns mîna fără sentimentul că se murdăreşte. Astăzi, în loc să fi dispărut într-o decentă uitare, ei îngroaşe rîndurile aşa-zisei elite politice şi economice a ţării. Prin ce s-au curăţat de păcatele lor trecute aceste îndoielnice personaje? Pe ce irealităţi ne bizuim cînd inventăm diferenţe morale între securistul care s-a înscris în PDSR şi securistul care a preferat, din cine ştie ce interese, să devină ţărănist sau liberal?

De zece ani încercăm să facem o politică nouă cu oameni vechi. Şi de zece ani ne văităm de eşecul permanent al acestei absurde obstinaţii. Am înlocuit numele cîtorva instituţii, pe mulţi dintre mizerabilii de ieri iam declarat „experţi", i-am aruncat pe intransigenţi la marginea societăţii şi ne-am entuziasmat în faţa „temerităţii" cu care am purces la aceste neschimbări.

Înainte, turnătorul demascat devenea un proscris căruia i se închideau toate uşile. Acum, confesiunile sau revelaţiile nu mai impresionează pe nimeni. Acum, sînt acceptaţi de-a valma toţi cei care, cu zece ani în urmă, provocau doar scîrbă. Cărei aberaţii i se datorează această mutaţie morală?

Impunitatea criminalilor, indulgenţa acordată nemernicilor, uitarea cu de-a sila, au devenit – prin sentimentul de abandon moral pe care îl produc – motorul firesc al vastei reţele de corupţie care a pus stăpînire pe ţară. A urmat inevitabila alianţă între escroci şi lichele, din care s-a născut o „castă" atotputernică, o falsă elită ale cărei vicii infecte contaminează întreaga societate. Astăzi, mai mult chiar decît în 1990, intransigenţa este singurul remediu împotriva acestei boli. Uitarea, acceptarea, compromisul s-au dovedit inoperante. Din cauza lor – şi nu fiindcă soarta ne-ar fi potrivnică – România se zbate azi printre ţările cele mai înapoiate ale Europei. Foştii activişti, foştii securişti, lăsaţi (sau, uneori, chiar încurajaţi) să-şi facă mai departe de cap au arătat de ce sînt în stare. Dorinţa de a-i menaja pe unii s-a transformat în suferinţa celor mulţi.

România are nevoie de oameni politici intransigenţi, care să nu provină din noua „elită" şi să nu-i fie subordonaţi. Oameni politici care să nu se bizuie pe banii escrocilor şi pe care lichelele să nu-i poată şantaja. România are nevoie, înainte de toate, de oameni politici pe care să-i anime nu interesul pentru propria lor carieră, ci spiritul de sacrificiu pentru binele colectiv. Cel care-şi începe mandatul cu gîndul la mandatele următoare va eşua pentru că îi va lipsi curajul de a acţiona. Denunţarea patetică a relelor care macină societatea rămîne gesticulaţie sterilă dacă nu se face nimic pentru stîrpirea lor.

Descoperirea acestor oameni, sprijinirea lor, aducerea lor la putere ar trebui să fie prima dintre misiunile partidelor. În structurile lor ar trebui să funcţioneze primele filtre împotriva incompetenţei, laşităţii, imposturii şi corupţiei. Ele ar trebui să insufle candidaţilor pe care îi propun ideea că interesul ţării este întotdeauna deasupra intereselor individuale şi de grup. Dar, în zece ani de pseudo-funcţionare, partidele nu par a fi înţeles că aceasta le este menirea. Infiltrate, manipulate, sfîrtecate de scandaluri, pradă potlogăriilor, gata să facă alianţele cele mai absurde, indiferent în faţa realităţii, partidele sînt, în România de azi, contrariul dezolant al intransigenţei din care, cîndva, se revendicau. Iar viaţa politică a ţării nu este decît oglindirea acestei stări.

Rămîne speranţa că o nouă generaţie, capabilă să refuze moştenirea prezentului, va izbuti, trecînd peste toate opreliştile ce i se ridică în cale, să formeze adevărata clasă politică de care România are atîta nevoie. Va trebui, însă, ca acest miracol să nu întîrzie prea mult[1]...

---

[1] El nu s-a produs încă, atîţia ani după ce au fost scrise aceste rînduri.

# MAREA „CURIOZITATE" A RUSIEI

În 1990, în cadrul unei emisiuni de televiziune, Alexandre de Marenches, care a condus serviciile franceze de spionaj vreme de 11 ani, lansa optimiştilor occidentali un avertisment privitor la realitatea bunelor intenţii est-europene. El spunea atunci, referindu-se la KGB, că un serviciu secret nu-şi abandonează niciodată poziţiile şi nu-şi dezmembrează reţelele, indiferent de schimbările politice, mai mult sau mai puţin reale, care intervin în viaţa statelor cu pricina. Evident, un discurs care, la vremea lui, nu putea decît să deranjeze.

Doi ani mai tîrziu, cînd procesul de extindere a NATO era lansat, o serie de ofiţeri americani şi-au pus în mod public întrebări grave despre viabilitatea acestei iniţiative. Ei considerau, în primul rînd, că pregătirea militară a acestor ţări era insuficientă pentru intrarea în Alianţă şi, apoi, că riscurile de infiltrare, într-o regiune în care situaţia nu era pe de-a-ntregul clarificată, rămăseseră considerabile.

La această analiză s-ar fi putut adăuga faptul că extinderea NATO prin integrarea unui număr prea mare de membri, însemna „diluarea" sa pînă la limita ineficienţei.

Războiul din Iugoslavia a arătat, anul trecut, că pînă şi între vechii membri ai Alianţei pot apărea, în situaţii extreme, neînţelegeri ireductibile. Dar, mult mai grav, această scurtă operaţiune militară a confirmat vechile temeri ale ofiţerilor americani în privinţa fiabilităţii noilor aliaţi: Cehia, Polonia şi Ungaria. Praga nu a vrut să participe la un război anti-slav, Varşovia s-a închis într-un fel de neutralitate prudentă, iar Budapesta a fost pe punctul de a declanşa o criză – cu bună dreptate, de altfel – în momentul cînd bombele aliate au început să cadă peste Voivodina, locuită în majoritate de unguri.

Acum, la un an de la primirea acestor trei ţări în sînul NATO, încep să se adeverească şi prezicerile lui Alexandre de Marenches. Spionii ruşi iau cu asalt Cehia şi Polonia, folosindu-se de vechile reţele care, probabil, nu au fost niciodată cu totul abandonate. În faţa acestei intense activităţi secrete pe solul său, Varşovia a adresat Rusiei avertismente inutile şi a cerut sprijinul Alianţei atlantice. O iniţiativă care nu poate conduce decît la un soi de criză mocnită. Pe de o parte, NATO realizează (prea tîrziu!) că aripa sa estică este foarte fragilă şi mai degrabă descoperită. Pe de altă parte, Alianţa nu poate lua nici un fel de măsuri de retorsiune împotriva Rusiei care, de nouă ani, nu aşteaptă decît un singur lucru: să i se arate că e considerată ca un duşman. În plus, cum ar putea fi admonestată Moscova tocmai în momentul cînd Putin a declanşat entuziasmul general anunţînd că nu se opune ideii ca ţara sa să adere la NATO.

Un entuziasm, ca de obicei, grăbit! Căci cooptarea Rusiei în Alianţa atlantică nu poate duce decît la blocarea definitivă a acesteia din urmă. În plus, ţările din Europa răsăriteană şi-ar vedea eforturile de aderare transformate în gesticulaţii fără rost: partenariatul cu Rusia este exact lucrul de care au încercat să scape ani de-a rîndul! A se regăsi alături de ea în cadrul NATO – şi, în plus, a suporta, în comparaţie cu ea, regimul de „rude sărace” – ar fi o izbîndă extrem de discutabilă.

Deocamdată, însă, aşteptînd ca statutul actual de partener privilegiat să se schimbe în cel de membru, Moscova se mulţumeşte să recurgă la vechile metode ale infiltrării şi spionajului. Cu atît mai mult cu cît ştie că nimeni nu va îndrăzni s-o „certe” pentru asta…

15 mai 2000



# COMPROMITEREA CA VOCAŢIE

De sute de ani ne batem joc de tot ce ne înconjoară: turci, bulgari, greci, unguri şi cîţi alţii! Toţi sînt mai prejos decît noi, toţi au cîte o tară – dacă nu chiar mai multe – care ne provoacă stări de suveran dispreţ. De zece ani ne lovim cu pumnii în piept, evocîndu-ne locul firesc în sînul marilor civilizaţii europene, revendicînd frenetic acest loc şi uimindu-ne că el nu ne-a fost recunoscut încă. De trei ani şi jumătate, în locul unei vieţi decente, ne lăsăm amăgiţi de ideea că am devenit, în sfîrşit, o ţară respectată care păşeşte cu demnitate printre semenele ei.

Formidabilă putere a mirajului!

Mai mult de jumătate din populaţia României trăieşte sub limita sărăciei; 63% dintre studenţi nu visează decît la emigrare; majoritatea tinerilor care îşi pregătesc doctoratele în străinătate refuză să se mai întoarcă; sistemul medical e în faliment; foşti activişti, actuali securişti şi escroci atemporali de tot felul se lăfăie în continuare în casele confiscate de regimul comunist; privatizarea bate pasul pe loc; marii delincvenţi continuă să fure netulburaţi; milioane de oameni au sfîrşit iarna fără apă caldă; inflaţia e galopantă; adolescente sînt vîndute pe cîteva sute de dolari proxeneţilor din Kosovo; ţiganii din România îngrozesc Occidentul; ţăranii maramureşeni cerşesc la Paris; traficul de droguri e în plină creştere; leul se prăbuşeşte faţă de celelalte monezi; investitorii străini ne ocolesc cu grije; bănci importante sînt devalizate şi duse la ruină de către chiar cei care le conduc; politicienii nu caută decît să-şi umple buzunarele; semnăm tratate internaţionale păguboase... Şi cîte altele, despre care trebuie să credem că ar reprezenta „demnitatea noastră regăsită"!

Pînă acum, însă, reuşisem performanţa de a păstra pentru noi, în interiorul spaţiului nostru, scandalurile care se repetă pînă la saţietate. De cîteva săptămîni, această „discreţie" a intrat în domeniul trecutului. În timp ce alergam după recunoaşterea şi respectul străinătăţii, oamenii noştri politici, oamenii noştri de afaceri – nu toţi, desigur, dar unii dintre cei mai proerninenţi – au reuşit să atragă atenţia justiţiei internaţionale. Aflăm că fostul preşedinte al ţării, împreună cu partidul pe care îl conduce (PDSR), sînt suspectaţi de justiţia franceză şi elveţiană (dar poate şi de altele) de a fi organizat traficuri financiare necurate pentru a-şi alimenta conturile de campanie. Aflăm că tot ei au înfrînt legea vamală, ceea ce, în termeni mai simpli, se numeşte contrabandă. Desigur, deocamdată e vorba doar despre bănuieli. Dar, cînd anchetatori străini cercetează acţiunile unor personaje atît de importante, bănuielile au, prin ele însele, o teribilă greutate.

Aflăm, de asemeni, că actualul preşedinte nu a găsit nimic mai bun de făcut decît să transforme în „ambasador itinerant" tocmai pe cel care, în ochii justiţiei franceze, e suspect de a fi fost executantul acestor operaţiuni financiare necurate[1]. Că, după 1996, Emil Constantinescu a numit ambasadori spioni sau securişti, nu era decît un semn în plus al conti-

---

[1] A se vedea paginile următoare.

nuităţii. Dar numirea (şi menţinerea!) acestui om reprezintă o mare noutate: niciodată, pînă acum, un ambasador al României nu fusese „găzduit" în închisori străine. Acum cunoaştem şi această înjosire...

Ce ruşine pentru ţară! Ce palmă pentru milioanele de români cinstiţi care se zbat sub apăsarea sărăciei, aşteptînd împlinirea promisiunilor şi a programelor electorale! Ce amară decepţie pentru tineretul care speră să fie implicat în reconstruirea unei ţări normale! Înainte, în sălile de clasă şi în amfiteatre trona, invariabil, sloganul lui Lenin: „Învăţaţi, învăţaţi, învăţaţi!" Acum, prea mulţi politicieni şi afacerişti par să le susure la ureche: „Furaţi, furaţi, furaţi!" Dar cei care nu vor să fure? Milioanele care mai cred în cinste şi adevăr? Noua „elită" românească îi respinge, îi lasă într-o nesfîrşită aşteptare pe treptele de jos ale societăţii. Şi totuşi, nu putem să nu sperăm că va veni o vreme cînd aşteptarea oamenilor cinstiţi va fi răsplătită.

Compromiterea a început odată cu ieşirea la iveală a minciunilor din decembrie 1989. Simpatia pe care şi-o atrăsese în cîteva zile un popor ce scăpa de sub domnia absurdă a lui Ceauşescu a fost anulată de montajul macabru de la Timişoara, de persistenţa Securităţii, de invizibilii terorişti. Apoi, de parcă s-ar fi căutat adîncirea răului, au fost chemaţi minerii. „Democraţia originală" a lui Ion Iliescu, economia semi-socialistă, devalizarea statului de către foştii nomenclaturişti convertiţi la capitalism dîmboviţean au continuat compromiterea.

După 1996, s-a vorbit din nou despre demnitate şi recunoaştere internaţională. S-au pronunţat fraze sforăitoare despre Occidentul care ne admiră, în timp ce noi mergeam din neîmplinire în neîmplinire. Ripostăm enervaţi de cîte ori ni se arată ce n-am făcut sau am făcut prost, dar nu ne batem capul să îndreptăm lucrurile. Smiorcăielile prezidenţiale („Am cîştigat alegerile, dar n-am cucerit puterea", sau „Am fost învins de Securitate") nu contribuie decît la agravarea compromiterii. Cine poate acorda vreo încredere unei ţări în care „puterea" afirmă tot timpul că nu are putere. Atunci cu cine se poate discuta în România? Cu securiştii? Cu mafioţii? Cu ambasadorul-puşcăriaş?

Un responsabil occidental remarca nu de mult ciudăţenia potrivit căreia, ca într-o republică bananieră din lumea a treia, însăşi conducerea este cea care, de zece ani, compromite imaginea ţării. Fie prin afaceri dubioase, fie printr-o neputincioasă stagnare. În orice caz, putem fi siguri că nu performanţele noastre politice sau economice au făcut să se întredeschidă uşile Uniunii Europene – cu ale cărei standarde ne arătăm din ce în ce mai incompatibili –, ci voinţa acesteia de a se extinde cu orice preţ. Iar această certitudine, combinată cu înmulţirea scandalurilor, ar trebui să ne dea mult de gîndit.

# AFACEREA „ALBUMUL"

### Elementele unei anchete

Ca urmare a cererii prezentate de justiţia franceză, o comisie condusă de Henri Pons, judecător de instrucţie la Tribunalul de Mare Instanţă din Paris, a sosit la Bucureşti pe 2 mai [2000] pentru a efectua un complement de anchetă în legătură cu un foarte complex caz de deturnare de fonduri şi spălare de bani.

Dosarul a fost deschis în Franţa ca urmare a unei sesizări din 16 martie 1998 adresată Tribunalului de Mare Instanţă din Paris de către Serviciul de prelucrare a informaţiei şi de acţiune contra circuitelor financiare clandestine (TRACFIN), sesizare ce se referea la mişcările de fonduri înregistrate în conturile societăţii *Groupe Saintonge Edition*, al cărei patron este Adrian Costea, cetăţean român şi israelian rezident în Franţa. Din verificările efectuate de TRACFIN a reieşit că Adrian Costea, prin intermediul lui *Groupe Saintonge Edition*, încheiase un contract, în martie 1995, cu Departamentul de informaţii al guvernului român de atunci (reprezentat de către Viorel Hrebenciuc, secretar general al guvernului,

Mihai Unghianu, secretar general adjunct al guvernului şi Nicolae Dan Fruntelată, secretar de stat al Informaţiei publice) pentru editarea unui album de promovare a României. Această lucrare, intitulată „Eternă şi fascinantă Românie", urma să fie tipărită în 97 000 de exemplare pe care *Groupe Saintonge Edition* trebuia să le distribuie în 90 de ţări. Pentru această operaţiune, societatea lui Adrian Costea încasa suma de 5 797 740 de dolari!

„Afacerea albumul", cum a fost numit acest montaj financiar realizat în timpul regimului Iliescu, a atras atenţia, după alegerile din 1996, noilor guvernanţi. În mai 1997, ţărănistul Remus Opriş, pe atunci Secretar general al guvernului, a cerut Departamentului de control al guvernului deschiderea unei anchete în legătură cu acest dosar. Numai că, în România, spre deosebire de Franţa, lucrurile aveau să ia o întorsătură ciudată: în noiembrie 1997, cei trei anchetatori decideau că cercetările nu merită să fie continuate, după care erau mutaţi cu toţii în alte servicii!

La Bucureşti se ştia însă că „afacerea albumul" – şi nu numai – fusese finanţată de Bancorex, celebra bancă al cărei faliment a fost pronunţat anul trecut [1999] şi care fusese condusă de Răzvan Temeşan, în momentul de faţă arestat în România. Investigaţiile judecătorului de instrucţie Henri Pons au condus la acelaşi rezultat, însă ancheta franceză a dezvăluit că, tot din banii Bancorex, pe conturile diverselor societăţi ale lui Adrian Costea au ajuns cel puţin 100 de milioane de dolari, reprezentînd o serie de alte afaceri (între altele, cu petrol), una mai dubioasă decît cealaltă.

Descrierea tuturor contractelor prin intermediul cărora societăţile lui Costea au fost alimentate cu bani provenind din România ar fi inutil de lungă şi de fastidioasă. Expunerea de motive prezentată de judecătorul de instrucţie Pons este un document de 9 pagini (!), conţinînd detalii financiare şi descrieri de societăţi a căror reproducere nu ar putea reprezenta o lectură pasionantă. Ajunge, însă, să spunem că, după 1992, „omul de afaceri" Adrian Costea nu pare să fi avut alt partener decît Bancorex. Dar această „tovărăşie" pare a-i fi fost suficientă şi lui şi prietenilor săi de la Bucureşti.

Bănuielile pe care judecătorul de instrucţie Henri Pons le prezintă în expunerea sa de motive sînt simple: Adrian Costea este cercetat pentru „abuz de bunuri sociale, tăinuire de abuz de bunuri sociale, spălarea banilor comisă în mod curent şi în bandă organizată". La aceasta s-au adăugat, în urma unui rechizitoriu supletif, „escrocherie şi abuz de încredere".

În clar, Henri Pons bănuieşte că Adrian Costea a fost folosit, în timpul regimului Iliescu, pentru scoaterea din ţară a unor sume considerabile de bani, sume care, odată „filtrate" prin conturile lui Costea, reveneau în buzunarele conducerii PDSR. În acest sens, s-a aflat acum cîteva zile că Adrian Costea a tipărit (probabil pe banii Bancorex, deci ai contribuabililor români) milioane de afişe pentru campania electorală din 1996 a lui Ion Iliescu (afişe care, între altele, au fost importate în România fără a se plăti taxele vamale, deci fraudulos). S-a aflat, de asemeni, că o serie de responsabili ai PDSR au beneficiat de „generozitatea" lui Costea sub formă de cadouri, sau, mai ales, de costisitoate călătorii în Franţa. „Omul de afaceri" a plătit, pentru prietenii săi politici din România, facturi de hotel la Paris, Deauville şi Toulouse în valoare de 957 613 F (145 987 €). El a plătit, de asemeni, cheltuieli de spitalizare – tot pentru prieteni politici sau pentru rudele acestora – depăşind 500 000 F (76 224 €). Cît despre castelul său din Normandie şi bijuteriile de peste 3 milioane de franci, acestea au fost, probabil, un mod de a i se răsplăti eforturile făcute „pentru binele României"… Desigur, tot pe banii contribuabililor români şi prin intermediul gestionarilor PDSR.

Meticulos, Henri Pons a întocmit o listă cuprinzînd toţi responsabilii PDSR care au contribuit la transferurile de bani dinspre România către conturile lui Adrian Costea. El a cerut audierea acestora, dar şi a celor, numeroşi (printre ei Adrian Năstase şi Teodor Meleşcanu), asupra cărora s-a revărsat „mana" lui Costea. În total, zeci de persoane care, profitînd de funcţiile pe care le-au avut, au condus o bancă la faliment şi au profitat de sume ce ar fi putut fi folosite în scopuri mai puţin condamnabile.

## O încercare de biografie

Omul care, de la începutul lunii, reţine atenţia presei, a justiţiei şi a clasei politice din România, Adrian Costea, se descrie singur ca un personaj discret, care preferă să acţioneze din umbră. Şi reuşeşte atît de bine încît nu ştim aproape nimic despre el! S-a născut la Bucureşti, în 1950. După unele informaţii, ar fi plecat în Israel în 1973. În 1980 s-a instalat în Franţa. Este aproape sigur că nu a cerut cetăţenia franceză, ceea ce reprezintă o alegere dacă nu ciudată, cel puţin nepractică. La Paris, nu s-a manifestat în cercurile româneşti şi nu este înscris pe listele electorale ale Ambasadei. În schimb, venirea în Franţa pare să coincidă cu găsirea unei mine de aur.

Cum altfel s-ar putea explica faptul că, la numai doi ani după ce s-a instalat la Paris, el a înscris, pe 25 noiembrie 1982, societatea *Covamaad Perspectives Internationales*, avînd un capital de 2 750 000 F (419 233 €) şi descrisă în Registrul de Comerţ ca fiind un birou de arhitectură şi decoraţie interioară. Falimentul acesteia, în 1992, a fost urmat, la numai două săptămîni, de apariţia unei alte societăţi, *Comexrom Import-Export Holding*, cu un capital de 1 500 000 F (228 673 €), ocupîndu-se de tranzacţii imobiliare (domeniu în care importul şi exportul sînt, totuşi, greu de conceput). O lună mai tîrziu, apare societatea *Le Bocage*, specializată de data aceasta în turism, creşterea cailor şi studii industriale şi agricole, cu un capital de numai 50 000 F (7 622 €).

Pe 20 octombrie 1994, Adrian Costea înregistrează *Holding Invest*. Această societate avea să cumpere, pe 6 decembrie 1994, societatea română *Star Trade Invest* (fondată cu doar cîteva zile în urmă de către Ion Cazacu, fost procuror la Bucureşti devenit omul de încredere al lui Costea). Acest montaj avea să servească drept cadru pentru păguboasele tranzacţii petroliere dintre guvernul României şi Adrian Costea.

Pe 11 aprilie 1995 este înregistrat faimosul *Groupe Saintonge Edition*, care, potrivit Registrului de comerţ se ocupă cu editarea de cărţi şi broşuri, dar şi cu comerţul de produse petroliere şi agro-alimentare, sau cu comerţul de materiale ţinînd de securitatea bunurilor şi a persoanelor. Toate acestea oferă un cîmp de acţiune foarte vast, dar, totuşi, ciudat pentru o simplă editură.

Pe 27 noiembrie 1996, Adrian Costea înregistrează societatea *Concorde Edition*, cu un capital de 250 000 F (38 112 €), specializată în publicitate. În aceeaşi zi, el declară şi societatea *Brocard & Washington*, a cărei menire era să editeze (cu bani provenind tot de la Bucureşti) o carte despre copiii din România.

E interesant de subliniat faptul că, de la bun început, Adrian Costea s-a arătat discret în activităţile lui comerciale. În acte, o parte din societăţile pe care le-a declarat erau gerate de soţia lui, Valentina Costea, născută în 1952 la Sibiu şi posesoare a cetăţeniei române şi israeliene; altele, printre care *Groupe Saintonge*, erau gerate de Monique Holtmann, născută la Paris în 1919. Cum e greu de crezut că sumele considerabile care au tranzitat prin aceste societăţi erau încredinţate unei persoane de 80 de ani fără experienţă în lumea afacerilor, putem bănui că este vorba, mai curînd, de ceea ce se numeşte un „om de paie".

De asemeni, numeroasele domenii, fără vreo legătură între ele, în care a acţionat Adrian Costea tind să dovedească faptul

că societăţile lui erau destinate să servească drept „ecrane”
pentru tranzacţii de un alt tip.

Un ultim detaliu, nu lipsit de interes: deşi a pornit la drum
cu un capital ciudat de mare pentru posibilităţile teoretice ale
unui proaspăt imigrant, prima societate a lui Costea se declară
în stare de faliment în decembrie 1989. [Lichidarea judiciară
va fi pronunţată în ianuarie 1992.] E vorba doar de o coincidenţă cu momentul dispariţiei regimului Ceauşescu sau despre încetarea bruscă a unui „sprijin” care-i venise pînă atunci
de la Bucureşti? În schimb, la începutul lui 1992, în plin regim
PDSR şi la numai 2 luni după ce l-a cunoscut pe Ion Iliescu,
afacerile lui devin brusc înfloritoare şi vor rămîne astfel pînă
la sfîrşitul lui 1999, adică pînă în momentul cînd justiţia franceză a deschis o anchetă în legătură cu activităţile lui.

## Legăturile cu puterea

În noiembrie 1991, lui Adrian Costea nu-i mergea bine.
Societatea lui nu mai avea bani şi era în pragul lichidării judiciare. În acel moment – cel puţin pe planul vizibil – el nu
putea să se laude cu o reuşită strălucitoare. E greu de înţeles,
în aceste condiţii, de ce Ambasada României la Paris
(condusă atunci de Anton Vătăşescu, un apropiat al lui Petre
Roman) a ţinut neapărat să organizeze o întîlnire între „omul
de afaceri” şi preşedintele Iliescu. Şi e la fel de greu de
înţeles ce a putut să-l impresioneze în asemenea măsură pe
şeful statului încît să-l invite imediat la Bucureşti pentru a-l
implica în campania electorală din 1992, iar apoi în treburile
preşedinţiei.

O implicare considerabilă, de altfel. Potrivit documentelor
prin care se prezenta, Adrian Costea a fost, în timpul celui
de-al doilea mandat al lui Ion Iliescu:

- consilier prezidenţial însărcinat cu afacerile economice
internaţionale

- mandatar negociator al guvernului român pentru afacerile economice, comerciale şi financiare internaţionale

- mandatar negociator al ministerului Afacerilor Externe pentru dezvoltarea şi promovarea relaţiilor economice, comerciale şi financiare între România şi state sau guverne terţe.

Ceea ce nu e puţin lucru pentru un singur om!

Iosif Boda, ambasador în Elveţia pînă în 1996 şi director al campaniei electorale a lui Ion Iliescu, scrie în cartea sa „Cinci ani la Cotroceni”: „Acest om [Adrian Costea, n. a.] a pus la dispoziţia lui Ion Iliescu pentru o perioadă de cinci ani de zile întreaga sa experienţă personală şi profesională şi nu numai…” Ce înseamnă acest misterios „şi nu numai”? Ce *altceva* a pus Costea la dispoziţia fostului preşedinte? Nu bani, pentru că aceştia par că-i veneau tocmai de la Iliescu. Poate ştiinţa de a-i face să „se piardă în natură”… În 1996, Adrian Costea „s-a reimplicat masiv în campania electorală”, scrie Iosif Boda. Într-adevăr, zecile de tone de afişe plătite de Costea (dar din banii Bancorex!) dovedesc această implicare.

Un alt detaliu interesant: deşi a colaborat în mod atît de strîns cu echipa prezidenţială şi deşi i s-au acordat atîtea titluri sforăitoare, Costea a primit un paşaport diplomatic românesc abia în ultimele luni ale regimului Iliescu. E limpede că nu poate fi vorba despre o uitare. De ce, atunci, această tîrzie favoare? Favoare care, de altfel, nu i-a fost retrasă decît la începutul lui mai 2000!

În 1997, dezamăgit de înfrîngerea lui Iliescu, Costea contribuie în mod substanţial la apariţia Alianţei pentru România (ApR), partidul lui Teodor Meleşcanu. Prin această acţiune, ca şi prin strînsa colaborare cu regimul PDSR, Costea se defineşte implicit ca un om de stînga, care, în mod logic, pentru alegerile din 2000, ar fi trebuit să parieze pe victoria partidului la a cărui constituire a participat.

Cu atît mai inexplicabilă apare, deci, colaborarea lui cu actuala echipă prezidenţială. Nu ştim nici cine, nici cînd l-a prezentat preşedintelui Constantinescu. Ştim însă că în octombrie şi noiembrie 1999, puţin după vizita de stat în Franţa a lui Emil Constantinescu, Adrian Costea expediază sute de exemplare ale faimoasei cărţi „Eternă şi fascinantă Românie". Destinatarii sînt oameni politici francezi, parlamentari, oameni de afaceri. Cărţile sînt însoţite de lungi scrisori ce poartă antetul: „Adrian Costea – Ambasador itinerant al preşedintelui Republicii România, Consilier extraordinar al preşedintelui Republicii România, afaceri economice şi financiare, pol exterior". O calitate care nu i-a fost contestată de nici o instituţie românească. Abia pe 4 mai 2000, purtătorul de cuvînt al preşedinţiei, Răsvan Popescu, declara: „Singura legătură între actuala preşedinţie şi domnul Adrian Costea a constat, practic, în prelungirea mandatului de bune oficii încredinţat domnului Costea de către fostul preşedinte." Or, Adrian Costea s-a acreditat în faţa interlocutorilor săi francezi printr-o *Scrisoare-mandat*, din 5 mai 1999, semnată de preşedintele Emil Constantinescu (document pe care l-am prezentat în prioritate, pe 5 mai 2000, într-o emisiune a postului de radio BBC). În această scrisoare, şeful statului, după ce explică poziţia României faţă de planul de reconstrucţie a Iugoslaviei şi de dezvoltare a sud-estului european, afirmă:

„L-am însărcinat personal pe Domnul Adrian Costea să ia contact cu Dumneavoastră pentru a stabili, organiza, negocia, dezvolta, facilita toate proiectele industriale, economice, financiare şi de partenariat necesare şi favorabile începerii şi executării acestui plan de dezvoltare care priveşte România, precum şi participarea ei la dezvoltarea durabilă a sud-estului european.

Misiunea Domnului Adrian Costea, care este de interes naţional şi regional, este aceea a unui ambasador în sensul larg, a unui ambasador «at large» (itinerant, n. a.).

Prin urmare, i-am dat domnului Adrian Costea misiunea de:

- a căuta şi găsi orice colaborare, orice finanţare şi orice investiţie destinate să sprijine sau să favorizeze dezvoltarea planului menţionat

- a organiza şi participa la toate contactele între participanţii externi şi instituţiile abilitate ale statului român.

Mandatul domnului Adrian Costea este valabil pînă pe 13 mai 2000, dată la care el va expira."

În primul rînd – detaliu straniu şi, poate, semnificativ – acest mandat a fost eliberat la numai două zile *după* punerea în urmărire penală a lui Adrian Costea de către justiţia franceză! Rechizitoriul introductiv împotriva acestuia a fost pronunţat de către judecătorul de instrucţie Henri Pons pe 3 mai 1999, iar pe 5 mai Costea devenea ambasador!... Se căuta oare, la Bucureşti, o formulă de protecţie pentru „omul de afaceri"?

În al doilea rînd, e lesne de remarcat că între textul de mai sus şi declaraţia lui Răsvan Popescu există un decalaj considerabil. Purtătorul de cuvînt al preşedinţiei evocă „prelungirea unui mandat de bune oficii", în timp ce prin această scrisoare-mandat i se conferă lui Adrian Costea *un nou titlu*, pe care nu-l avusese înainte de 1996! Cu alte cuvinte, dl Popescu fie nu ştie ce spune, fie deturnează adevărul.

Pe 9 mai, probabil ca urmare a difuzării acestui document, preşedinţia se simte obligată să revină cu un alt comunicat, redactat în termeni vagi şi evitînd să precizeze anumite date: „Domnul Adrian Costea a avut mandat de bune oficii valabil pînă în acest an. Constatînd că tirajul albumului realizat la comanda guvernului Văcăroiu în anii 1995-1996 nu fusese difuzat integral, s-a impus prelungirea acestui mandat, care presupunea informarea şi popularizarea oportunităţilor pe care România le oferă pentru dezvoltarea relaţiilor în domeniul economic, turistic, cultural etc. Informaţiile apărute pînă la momentul respectiv nu erau în măsură să impună încălcarea

150

prezumţiei de nevinovăţie de care trebuie să beneficieze orice cetăţean. Doar justiţia, care trebuie să-si urmeze cursul, poate dovedi sau infirma implicarea cuiva într-o afacere oneroasă".

Desigur, prezumţia de nevinovăţie este un principiu fundamental al justiţiei. Dar dacă ne amintim că secretarul general al guvernului român, dl Remus Opriş, a cerut încă din mai 1997 deschiderea unei anchete în legătură cu „afacerea albumul" (în care Adrian Costea era implicat direct) şi, de asemeni, că justiţia franceză a contactat justiţia română acum doi ani [1998] în legătură cu aceast dosar, mandatul acordat de Emil Constantinescu este mai mult decît ciudat. Nici un preşedinte nu dă un mandat de ambasador itinerant unui om implicat într-o anchetă penală. Indiferent de prezumţia de nevinovăţie! În plus, acest comunicat se îndepărtează de adevăr, ca şi cel care l-a precedat, căci el se referă *exclusiv* la necesitatea distribuirii faimosului album, în timp ce scrisoarea semnată de Emil Constantinescu nici măcar nu pomeneşte despre acest subiect!

Dacă mandatul din 5 mai 1999 apare, în lumina cercetărilor întreprinse în „cazul Costea", ca o inexplicabilă absurditate, înnoirea lui, pe data de 13 martie 2000 (!), cade în domeniul grotescului. „Vă confirm prin prezenta prelungirea pînă la 30 nov. 2000 a misiunii dvs., conform cu mandatul din 5 mai 1999", scrie Emil Constantinescu. De data aceasta, destinatarul „amabilităţii" prezidenţiale este un om pe care, în toamna lui 1999, justiţia franceză îl arestase şi reţinuse vreme de trei săptămîni. Şi în legătură cu care, Parchetul general al României ceruse, pe 27 ianuarie 2000, deschiderea unei anchete internaţionale.

**Cîteva întrebări**

Lăsînd la o parte faptul că „scrisoarea-mandat" semnată de Emil Constantinescu conţine greşeli de franceză şi de dactilografie – ceea ce este extrem de penibil pentru un act de importanţă diplomatică emis de preşedinţia unei ţări –, nu ar fi inutil să subliniem cîteva alte detalii legate de această numire.

În primul rînd, să examinăm modul în care este formulată numirea lui Adrian Costea. „La mission de Monsieur Adrian Costea [...] est celle d'un ambassadeur au sens large, celui d'un AMBASSADEUR «AT LARGE»" (Misiunea Domnului Adrian Costea [...] este cea a unui ambasador în sensul larg, cea a unui ambasador „at large"). Cu excepţia greşelii de gramatică (*celui* în loc de *celle*), această frază denotă faptul că la Cotroceni nu se cunosc nici măcar bazele dreptului internaţional şi ale dreptului diplomatic. Oare ce o fi însemnînd, în viziunea „experţilor" preşedinţiei, un „ambasador în sensul larg"? Trebuie să înţelegem de aici că ar exista şi ambasadori „în sens restrîns"? Sau, poate, că Adrian Costea putea face, în numele preşedintelui, orice îi trecea prin cap... Şi cum s-a ajuns la absurda confuzie între ambasador „at large" (care, în limba engleză, defineşte, pur şi simplu, ambasadorul itinerant) şi „ambasador în sensul larg"? Căci, în mod indiscutabil, este vorba despre o confuzie. Chiar nu există nimeni la preşedinţie care să-şi fi dat seama că, pornindu-se de la un termen prost înţeles, s-a ajuns la o formulare care nu are sens?

În ce priveşte funcţia de ambasador itinerant, ea este, în zilele noastre, foarte puţin utilizată. Începînd din secolul XVII, în locul ambasadorilor care călătoreau de-a lungul şi de-a latul lumii apar treptat misiuni permanente acreditate pe lîngă diverşii suverani. Din acel moment, statele întreţinînd, adesea cu cheltuieli importante, reprezentanţe diplomatice însărcinate să le reprezinte interesele, ambasadorii itineranţi nu mai au nici o raţiune de a fi. Desigur, există în continuare emisari speciali, negociatori cărora li se încredinţează o misiune extrem de precisă şi pe o durată foarte scurtă. Nu este cazul mandatului acordat lui Adrian Costea, mandat redactat în termeni vagi şi întins pe o perioadă de un an şi jumătate. În plus, misiunea încredinţată lui Costea se suprapune în mod inutil peste atribuţiile obişnuite ale Ambasadei României la Paris. Dacă adăugăm la aceasta faptul că ambasadorul Dumitru Ciauşu declară că nu l-a întîlnit niciodată pe ambasadorul Costea – deşi amîndoi sînt acreditaţi în Franţa de către acelaşi preşedinte al României – intrăm de-a dreptul în domeniul ridicolului.

Moda consilierilor personali şi a trimişilor extraordinari a fost lansată, în România, de Ion Iliescu. În afară de Adrian Costea (proclamat, în 1993, „consilier în domeniul relaţiilor economice externe al preşedintelui României"), el numise cinci consilieri printre românii din străinătate, iar la sfîrşitul mandatului său a acordat un titlu onorific unui cunoscut şi foarte controversat scriitor care trăia în Franţa. Pentru Iliescu, era, fără îndoială, un mod de a-şi plăti anumite poliţe, dar şi o încercare de a dovedi că întreţine relaţii privilegiate cu personalităţi culturale de peste hotare.

După 1996, Emil Constantinescu a adoptat această modă a consilierilor oficiali, personali, speciali, etc. (dintre care mulţi nu par a-i servi la mare lucru) şi a trimişilor extraordinari. O situaţie mai degrabă inofensivă pînă la apariţia lui Adrian Costea. Numirea acestuia stîrneşte, însă, o serie de întrebări. În ce circumstanţe şi sub ce auspicii s-a petrecut întîlnirea Constantinescu-Costea? De ce – dacă luăm de bun comunicatul preşedinţiei din 4 mai 2000 – s-a considerat că este nevoie de un ambasador pentru a distribui nişte biete cărţi? Sau – dacă ne bizuim pe textul „scrisorii-mandat" din 5 mai 1999 – de ce a fost nevoie de Adrian Costea pentru a face treaba Ambasadei? Ce l-a determinat pe Emil Constantinescu să prelungească mandatul lui Costea după ce acesta fusese arestat în Franţa şi după ce justiţia română ceruse deschiderea unei anchete în privinţa lui? Dincolo de orice

prezumţie de nevinovăţie, chiar nu şi-a dat seama preşedin-
tele – atît de „sensibil” la imaginea României – că face o gafă
monumentală şi fără precedent dînd un mandat de ambasador
unui personaj cercetat în două ţări pentru fraudă şi spălare
de bani? Iar gafa pe care o reprezintă acest mandat nu se
transformă oare în obstinaţie inexplicabilă prin prelungirea
lui în plină anchetă penală împotriva lui Costea? Ambigui-
tatea celor două comunicate ale preşedinţiei – din care nu re-
zultă că mandatul lui Adrian Costea ar fi fost anulat! – nu se
adaugă oare, în mod jenant, acestei stranii obstinaţii?

Din toate acestea, se desprinde o impresie extrem de
neplăcută de manipulări, interese oculte şi obligaţii miste-
rioase. Dar cine ştie dacă vom afla vreodată adevărata natură
a relaţiilor dintre cei doi preşedinţi ai României post-
ceauşiste şi „omul din umbră” Adrian Costea…

# URMĂRILE UNUI SCANDAL

Unii observatori îşi închipuie că „afacerea Costea" ar putea avea efecte benefice prin faptul că ea ar fi în măsură să conducă la o curăţire a scenei politice româneşti. E, din păcate, posibil ca această analiză să nu fie decît o manifestare excesivă de optimism. Sigur nu este decît faptul că recentele dezvăluiri dau măsura exactă a „calităţii" oamenilor noştri publici.

E greu de spus dacă „afacerea Costea" va avea sau nu urmări asupra viitoarelor alegeri. Şi aceasta pentru simplul fapt că murdărirea unora nu înseamnă apariţia altora. Partidele s-au obstinat să reducă opţiunile electorale, iar alegătorii se văd din nou puşi în faţa aceluiaşi grup de candidaţi.

Fără îndoială, Ion Iliescu este cel mai afectat de deschiderea „dosarului albumul" şi de afacerile dubioase legate de acesta. Argumentele folosite de el pentru a se apăra („înscenare", „manipulare", etc.) nu reuşesc să fie convingătoare. Deja şubrezit de „afacerea firul roşu" – în cadrul căreia era acuzat că ar fi încercat să stabilească legături privilegiate cu Moscova –, el se află acum într-o situaţie de-a dreptul periculoasă. Recentele revelaţii privind importul fără plata taxelor vamale (ceea ce echivalează cu o operaţie de contrabandă) a unei mari cantităţi de material electoral finanţat de Adrian Costea din banii deturnaţi de la Bancorex, fac să planeze asupra fostului preşedinte ameninţarea unei anchete penale. Propriul său partid, PDSR, pare a dori să găsească un candidat mai puţin compromis. Între Adrian Năstase, numărul 2 al PDSR, Theodor Stolojan şi, eventual, Mugur Isărescu, posibilităţile pe care şi le-ar putea oferi stînga nu sînt neglijabile şi ele ar handicapa în mod serios pe Emil Constantinescu. Mai cu seamă că, în ultimele sondaje, Stolojan şi Isărescu au o cotă importantă de popularitate şi apar ca oamenii politici cei mai credibili din România[1].

Teodor Meleşcanu iese şi el diminuat din acest scandal, chiar dacă în mai mică măsură decît Ion Iliescu. Implicarea lui în diversele combinaţii financiare ale lui Costea e mult mai puţin importantă, în schimb faptul că „omul de afaceri" susţine cu tărie că se află la originea apariţiei Alianţei pentru România (ApR) este un punct prost pentru Meleşcanu, actual preşedinte al acestui partid. Nu e, întradevăr, nici o glorie în a conduce o formaţie care a fost gîndită de un om pe care, acum, îl înjură o ţară întreagă şi îl anchetează justiţia franceză şi cea română! Spre deosebire de PDSR, unde par a exista alternative pentru alegerea prezidenţială, ApR nu poate produce, în acest al doisprezecelea ceas, un alt candidat.

Emil Constantinescu, prin faptul că a făcut din Adrian Costea un ambasador al României şi că – din motive cel puţin misterioase – refuză să-i anuleze mandatul, lasă cîmp liber tuturor speculaţiilor şi se pune singur într-o situaţie extrem de delicată. Ceea ce dovedeşte, o dată în plus, că e lipsit de abilitate politică. În orice caz, „afacerea Costea" îi va afecta

---

[1] În cele din urmă, nici revelaţiile, nici învinuirile nu l-au împiedicat pe Ion Iliescu să cîştige un nou mandat prezidenţial la sfîrşitul lui 2000. Reiese de aici o evidentă indiferenţă a electoratului român faţă de adevărurile neplăcute şi, totodată, o constantă înclinaţie a sa către opţiunile de stînga.

şi aşa foarte slabul capital electoral. Singura lui şansă ar fi prăbuşirea *tuturor* celorlalţi candidaţi – perspectivă, totuşi, greu de imaginat. Ca şi ApR, Convenţia Democrată, care a refuzat să pregătească un alt candidat, se vede extrem de fragilizată de actuala situaţie şi de posibilele ei ramificaţii.

Singurul pe care agitaţia ultimelor săptămîni nu l-a atins – ceea ce, de altfel, îl determină pe Costea să-l desemneze implicit ca posibil instigator al întregului scandal – este Petre Roman. Dar scorul lui nesemnificativ în toate sondajele (5-7%) pare să-i interzică speranţele prezidenţiale.

Departe de a limpezi lucrurile, „afacerea Costea" nu face decît să fragilizeze şi mai mult o clasă politică care, oricum, nu se mai bucură de încrederea alegătorilor. De-a lungul ultimilor ani, am putut constata că, în România, a dezvălui nu înseamnă, din păcate, a schimba. Poate doar pedepsirea vinovaţilor ne va face să ieşim din cercul vicios al revelaţiilor fără consecinţe.

# DIN NOU DESPRE REGIUNI
## ŞI FEDERALIZARE

Generalul Pierre M. Gallois, „părintele" sistemului francez de apărare nucleară, a atras atenţia în repetate rînduri asupra acţiunilor menite să dezmembreze statele europene actuale în vederea constituirii unei federaţii formată din regiuni. Astfel, el a semnalat existenţa şi obiectivele *Centrului european pentru chestiunile minorităţilor*, al cărui sediu se află în localitatea germană Flensburg. Condus de Stefan Troebst, *Centrul* îşi propune să se ocupe de minorităţile din Europa de Est şi de Vest. El dispune de o *Uniune federalistă a comunităţilor europene* cu peste trei milioane de membri din diverse comunităţi minoritare ale continentului.

Clar orientată împotriva „guvernelor centralizatoare", activitatea acestor două organisme poate părea paradoxală: ea constă în stimularea revendicărilor minoritare şi, în acelaşi timp, în calmarea conflictelor ce ar decurge din aceste revendicări. Paradoxul, însă, nu e decît aparent, căci federaliştii şi regionaliştii nu-şi pot impune ideologia decît în situaţii de ruptură, cînd, în faţa confruntării violente, federalizarea apare ca singura alternativă posibilă. Desigur, acolo unde frontierele au dispărut şi, odată cu ele, autoritatea statală centrală, revendicările nu mai au, teoretic, nici o raţiune de a fi. Ceea ce se uită, însă, în acest calcul simplist care stă la baza viitoarei integrări europene, este că micile entităţi nu sînt o garanţie a stabilităţii. Dimpotrivă: înmulţirea lor conduce în mod inevitabil la înmulţirea motivelor de neînţelegere. Dacă, de pildă, bascii, bretonii sau găgăuzii sînt, în momentul faţă, nemulţumiţi de faptul că sînt conduşi de autorităţi statale centrale şi îşi revendică, sub diverse forme, autonomia, nimic nu dovedeşte că ei vor accepta mai uşor autoritatea impersonală şi mult mai centralizată a structurilor comunitare de la Bruxelles. Regionalizarea, urmată imediat de integrarea europeană, nu ar însemna pentru aceste minorităţi decît o subordonare de altă natură. Ceea ce ar implica, probabil, continuarea revendicărilor.

Pe de altă parte, sistemul este cît se poate de şubred din punctul de vedere al definiţiilor. Regionalizarea înseamnă, în fond, exacerbarea unor identităţi de natură etnică. Pe de altă parte, însă, ideologii Uniunii Europene pledează cu vehemenţă pentru abolirea oricărei referinţe naţionale. Incompatibilitatea e flagrantă. Prin ce e mai puţin „naţionalist" militantul basc decît românul (sau francezul) care îşi revendică limpede apartenenţa naţională? Greu de spus. Şi totuşi, cel care produce iritarea ideologilor federalismului este, evident, cel din urmă.

S-ar putea umple pagini întregi cu citate ale celor mai eminenţi politicieni europeni, de la Helmut Kohl la Tony Blair, care, cu toţii, afirmă că naţiunea este „un obstacol" în calea construcţiei europene. După cum s-ar putea găsi nenumărate citate, provenind din aceleaşi surse, împotriva suveranităţii, considerată a fi un concept învechit. De altfel, după Tratatul de la Maastricht [1992], întreaga construcţie europeană se bazează pe un transfer de suveranitate dinspre statele membre către instituţiile comunitare. Acest transfer este prima etapă în procesul de disparişie a statelor şi înlocuirea lor cu regiuni integrate politic şi economic. *Din punct de vedere juridic*, intervenţia militară în Iugoslavia nu a reprezentat decît negarea suveranităţii acestei ţări (ceea ce, *tot din punct de vedere juridic*, este identic cu invazia societică în Cehoslovacia, pe baza doctrinei brejneviene a „suveranităţii limitate").

Într-o rezoluţie recentă, Parlamentul european „respinge aspectele naţionalismului contemporan [...] convins că Europa trebuie să se elibereze de ideea unei culturi fundamental albe, şi cere redefinirea «naţiunii» în beneficiul Comunităţii". Însuşi faptul că autorii pun cuvîntul naţiune între ghilimele este extrem de elocvent!

În Europa răsăriteană, mirajul prosperităţii pe care ar reprezenta-o integrarea în structurile comunitare ocultează complet aceste probleme care, totuşi, frămîntă pe mulţi occidentali. Se ştie că ţările scandinave s-au arătat foarte reticente în privinţa integrării în Uniunea Europeană, că în Marea Britanie şi Germania un eventual refernedum s-ar solda cu un „nu" răspicat, că, la şase luni după aderare, austriecii ar fi votat şi ei „contra", că în Franţa Tratatul de la Maastricht a obţinut doar 50,5%, ceea ce reprezintă o majoritate nesemnificativă.

Popoarele nu par a fi dornice – cel puţin deocamdată – să renunţe la ideea de state naţionale şi suverane. Cu atît mai mult cu cît ceea ce li se propune în schimb este o structură care, din ce în ce mai des, îşi recunoaşte propriile-i slăbiciuni şi incapacitatea de a se reforma. O sinceritate salutară, dar care n-o împiedică să continuie, prin instituţii ca aceea de la Flensburg, procesul de şubrezire a statelor şi de regionalizare – adevărată cutie a Pandorei, din care nimeni nu ştie ce va ieşi.

1 iunie 2000



# INSTALAREA ÎN NEFIRESC

Cînd a scris *Craii de Curtea Veche*, Mateiu I. Caragiale a ales drept motto o frază – teribil şi laconic rechizitoriu – pronunţată de Raymond Poincaré în cursul unui proces desfăşurat la Bucureşti: „Que voulez-vous, nous sommes ici aux portes de l'Orient, où tout est pris à la légère[1]..." Ca un ecou şi o confirmare peste decenii, Cioran avea să spună că „În România totul e posibil şi nimic nu are consecinţe".

O scurtă informaţie publicată nu de mult într-un cotidian bucureştean ne aruncă brutal în faţă toate simbolurile – dar şi o parte din explicaţiile – alunecării României din rău în mai rău. E vorba despre „tarifele" practicate de către partide pentru atribuirea unui loc eligibil pe listele electorale. Pe scurt, pentru a fi siguri că vor ajunge deputaţi, candidaţii trebuie să „doneze" formaţiunilor politice o sumă de 150 000 de dolari. Sigur, există candidaţi cărora li se aplică alte criterii de selecţie, mai onorabile. Dar faptul că, printre viitorii aleşi, unii îşi vor fi cumpărat cu bani grei un *dolce farniente*

---

[1] Ceea ce s-ar putea traduce prin: „Ce vreţi, ne aflăm la porţile Orientului, unde nimic nu e luat în serios..."

parlamentar de patru ani, căruia i se adaugă imunitatea (şi, deci, impunitatea) în caz de derapaje economice, reprezintă o culme a imoralităţii. Iată de ce Senatul şi Camera nu-şi fac datoria; iată de ce mai avem şi azi [2000], cu toptanul, legi infame rămase de pe vremea lui Ceauşescu pe care nimeni „nu a avut timpul" să le abroge; iată de ce, în schimb, legi indispensabile aşteaptă cu anii să fie discutate; iată de ce absenţele masive împiedică nu buna funcţionare, ci funcţionarea pur şi simplu a Parlamentului! Şi, în sfîrşit, iată de ce stenogramele „dezbaterilor" în forul legislativ al ţării sînt, mult prea des, nişte acumulări de bîiguieli absconse, amintind – dar fără geniu şi umor – scenele cele mai absurde din teatrul lui Ionesco! Pentru că partidele găsesc de cuviinţă să vîndă locuri de parlamentari unor agramaţi care au făcut avere în afaceri dubioase şi au nevoie să-şi fabrice o respectabilitate politică.

E grav, dar şi mai gravă e indiferenţa cu care a fost tratată această informaţie. De parcă nimic n-ar fi mai firesc decît nefirescul. De parcă, oricum, n-ar mai fi nimic de făcut. S-a deschis oare vreo anchetă în legătură cu aceste practici scandaloase? Sau făcut oare verificări minuţioase – între altele, în contabilitatea partidelor? Bineînţeles că nu! Cine să se ocupe de astfel de investigaţii? Poate chiar unii dintre cei care au plătit pentru postul pe care îl ocupă…

Aşadar, în ţara care se face că luptă din răsputeri împotriva corupţiei, nu se va întreprinde nimic împotriva acestei anomalii care, în fond, este expresia însăşi a corupţiei. Iar Parlamentul, din care provin şi unii membri ai guvernului, va rămîne în continuare ceea ce este, adică mai nimic.

*Morala publică* a rămas o expresie goală de orice conţinut şi nimic nu a fost făcut – nici înainte, nici după 1996 – pentru a-i reda valoarea originară. Scandalurile şi hoţiile se înmulţesc, dar, în afară de o anumită febrilitate printre ziarişti, ele nu produc îndeobşte nici o consecinţă notabilă.

Iată, de pildă, „afacerea Costea", după numele aşa-zisului om de afaceri instalat la Paris şi bănuit de a fi contribuit, împreună cu o sumă de responsabili ai partidului lui Ion Iliescu, la devalizarea unei importante bănci româneşti. Un grup de anchetatori francezi s-a deplasat la Bucureşti, înarmat cu dosare pline de acuzaţii. De o lună de zile, presa, de la dreapta la stînga, nu încetează să pronunţe cuvîntul *tîlhărie*. Milioane de contribuabili români vor plăti din greu pentru a umple golul lăsat de combinaţiile necurate ale unor indivizi puţin recomandabili. Şi care e rezultatul? În loc ca toate aceste mizerabile revelaţii să conducă la izbucnirea unei răzmeriţe împotriva împricinaţilor, cota de popularitate a lui Ion Iliescu şi a partidului său a crescut! Cît despre Adrian Costea, i-au fost de ajuns trei apariţii la televiziune – în cursul cărora şi-a debitat ideile puerile în materie de politică şi a declamat marele discurs al patriotismului de operetă – pentru a-şi atrage un consternant val de simpatie! Şi nu numai printre adepţii lui Iliescu…

Dincolo de faptul că toate aceste manifestări groteşti ne fac definitiv de rîs în ochii lumii, împiedicîndu-ne să ajungem la respectabilitatea după care tînjim de zece ani, ele sînt mărturia unei imense tragedii. După ce, vreme de o jumătate de secol, le-au fost călcate în picioare toate valorile, după ce li s-au interzis cu străşnicie reperele, după ce totul a fost terfelit şi măsluit în existenţa lor, românii au ajuns în situaţia de a confunda pungaşii cu victimele şi lichelele cu oamenii respectabili. Ei nu par să mai discearnă între bine şi rău.

Şi cum ar putea fi altfel cînd, pînă şi azi, nu li se dă de ales decît între „un rău mare" şi „un rău mai mic"?! Oare chiar nimeni nu se sinchiseşte de efectele devastatoare pe care această anormală alternativă le poate avea asupra conştiinţei unei naţiuni? Oare chiar nu interesează pe nimeni faptul că se instalează, astfel, o neiertătoare boală colectivă care ne va diminua pe nesimţite pînă cînd – desigur, mult prea tîrziu – vom înţelege că orice remediu împotriva ei a devenit inoperant?

Fără îndoială, merităm mai mult decît o mînă de parlamentari care-şi plătesc mandatele fiindcă altfel nu le-ar putea cîştiga; mai mult decît biata supravieţuire deghizată în succes pe care ne-o acordă, de zece ani, incompetenţa guvernanţilor; mai mult decît „ambasadorul" Costea transformat – a pentru a dovedi că totul este într-adevăr posibil – în haiduc de bîlci. Merităm mai mult decît alegerea între *rău* şi *mai rău*!

# TRATATUL ROMÂNIA-MOLDOVA

Semnarea de către ministrul român al Afacerilor Externe, Petre Roman, şi omologul lui de la Chişinău, Nicolae Tăbăcaru, a Tratatului de bază dintre România şi Republica Moldova a stîrnit, de o parte şi de cealaltă a Prutului, un val de reacţii negative.

Astfel, deputatul basarabean Ilie Ilaşcu, condamnat la moarte şi închis de opt ani la Tiraspol de regimul autoproclamatei republici transnistrene, a declarat, într-o scrisoare că Tratatul este o „diversiune politică".

La rîndul său, Partidul Popular Creştin Democrat (PPCD) din Republica Moldova a adresat un memoriu preşedintelui Emil Constantinescu şi preşedinţilor Camerelor Parlamentului de la Bucureşti prin care le cere să nu semneze şi să nu ratifice Tratatul.

În memoriul semnat de Iurie Roşca, liderul PPCD, se afirmă că motivaţiile invocate în favoarea tratatului, precum şi contextul politic, regional şi internaţional nu oferă „vreun argument plauzibil pentru această acţiune diplomatică stranie şi pripită". Documentul precizează că din textul Tratatului „au dispărut referirile la Pactul Ribbentrop-Molotov din 1939 şi la notele ultimative ale guvernului Sovietic adresate României în 1940 care au condus la dezmembrarea teritorială a României şi la anexarea Basarabiei, a Nordului Bucovinei şi a ţinutului Herţa la URSS, a fost omisă sintagma «cele două state româneşti», eliminîndu-se astfel formularea explicită a identităţii naţionale şi a unităţii etnolingvistice româneşti ca element definitoriu pentru profilul etnic şi cultural al celor două entităţi statale".

„Promotorii tratatului în cauză au invocat şi motivele, bineînţeles demne de reţinut, ce ţin de eforturile României de a se integra în UE şi NATO. Sînt nişte obiective strategice prioritare pe care noi le susţinem deopotrivă şi pentru România şi pentru Republica Moldova. Atingerea lor impune un şir de rigori obligatorii pentru fiecare ţară aspirantă. Printre ele şi existenţa unor tratate cu vecinii. Nu înţelegem însă de ce România nu încearcă să-şi afirme şi să-şi promoveze energic interesele naţionale, nu numai să se conformeze unor cerinţe-standard, reale sau imaginare", se menţionează în memoriu.

PPCD cere preşedintelui Constantinescu „să vădească înţelepciune şi tact diplomatic şi să nu manifeste grabă în iniţierea procedurii de semnare a tratatului de bază cu Republica Moldova."

PPCD precizează că nu s-a adresat clasei politice din Republica Moldova, deoarece „efectele sovietizării mentalităţilor, dar şi dependenţa directă a unora dintre demnitari de influenţele oculte dinspre fosta ţară ocupantă sînt atît de puternice, încît nu avem nici un motiv să investim speranţe deşarte."

La Bucureşti, senatorul PNŢCD Ioan Moisin a cerut în plenul Senatului, ca Tratatul să fie analizat „imediat" în Parlament, iar în cazul în care se va constata că acest tratat „face un deserviciu cauzei Patriei Române", ministrul de Externe să-şi prezinte demisia sau să fie demis.

Senatorul ţărănist a spus că soarta Basarabiei trebuie decisă prin referendum, organizat atît „în stînga cît şi în dreapta Prutului" şi a cerut ca Tratatul cu Republica Moldova, precum şi cel cu Rusia să conţină o condamnare „fermă" a Pactului Ribbentrop-Molotov, cu prevederea eliminării „totale şi imediate" a consecinţelor acestui pact.

Ioan Moisin a cerut tuturor senatorilor să semneze o declaraţie în care se solicită introducerea în Tratatele cu Moldova şi cu Rusia a unor asemenea prevederi, precum şi propunerea ca Transnistria să devină zonă demilitarizată.

ANCD, partidul condus de Victor Ciorbea, a dat publicităţii o Chemare adresată „tuturor asociaţiilor şi partidelor politice din ţară şi străinătate care se identifică cauzei reîntregirii Naţiunii Române", în care este evocat „dreptul la auto-determinare, inclusiv la reunire" între cele două entităţi statele româneşti, a căror separare o consideră provizorie. ANCD recomandă instituirea unui „partenariat privilegiat de cooperare între cele două state româneşti".

Alianţa Civică a publicat o Declaraţie prin care „supune atenţiei opiniei publice şi autorităţilor ambiguităţile proiectului de tratat româno-moldovenesc [...] considerînd că unele din prevederile sale sînt pripite şi formulate conjunctural." Pornind de la faptul că Tratatul nu abordează problema Pactului Ribbentrop-Molotov şi că statutul şi frontierele Republicii Moldova nu sînt strict precizate, Alianţa Civică „solicită publicarea textului proiectului de tratat în presă şi supunerea sa unei discuţii publice atît în România, cît şi în Republica Moldova" înaintea semnării şi ratificării lui.

Alte partide din România, printre care ApR, şi-au manifestat opoziţia faţă de acest text.

Singura reacţie entuziastă vine de la Washington, unde Departamentul de Stat a salutat parafarea Tratatului ca fiind „o contribuţie foarte importantă la stabilitatea Europei de Sud-Est".

# NATO-RUSIA:
## TANDREŢE ŞI CAPRICII

Secretarul-general al NATO, George Robertson, şi ministrul italian al Afacerilor Externe, Lamberto Dini, au insistat, în cursul unei întrevederi avute la Roma, asupra necesităţii ca Alianţa Nord-Atlantică să coopereze cu Rusia.

Cooperarea dintre NATO şi Moscova este „de dorit într-o mare măsură", a declarat Dini la încheierea întrevederii, apreciind, totodată, că reuniunea Consiliului permanent Rusia-NATO, din 24-25 mai, de la Florenţa, avea să marcheze „reluarea" acestei cooperări.

NATO doreşte o „reluare semnificativă a relaţiilor sale" cu Moscova, a declarat, la rîndul său, George Robetson, secretarul-general al Alianţei. El şi-a exprimat satisfacţia faţă de participarea „încununată de succes" a Rusiei la forţele internaţionale desfăşurate în Bosnia-Herţegovina şi Kosovo.

Rusia şi NATO şi-au reluat relaţiile bilaterale – îngheţate de Moscova după bombardamentele Alianţei asupra Iugoslaviei, în primăvara anului 1999 – cu ocazia vizitei efectuate de Robertson la Moscova, în data de 16 februarie.

Pe de altă parte, amiralul Guido Veltroni, preşedintele Comitetului militar al NATO, a afirmat că întîlnirea dintre şefii de Stat Major ai forţelor armate ale NATO şi, respectiv, ale Rusiei, marchează o etapă importantă pe calea dezvoltării cooperării militare dintre Alianţa Nord-Atlantică şi Federaţia Rusă.

Discuţiile pe care delegaţia militară rusă, condusă de generalul Anatoli Kvaşnin, le-a purtat la cartierul general al NATO au vizat în principal situaţia militară actuală în Balcani, caracteristicile de bază ale strategiei militare a NATO şi a Rusiei şi liniile directoare ale viitoarei cooperări militare dintre Alianţa Nord-Atlantică şi Rusia.

După cum se subliniază în comunicatul dat publicităţii de biroul de presă al NATO, discuţiile cu delegaţia rusă au fost foarte „fructuoase, deschise şi serioase".

Amiralul Guido Veltroni, completînd cele declarate în comunicatul de presă, a afirmat că, personal, rămîne destul de optimist în privinţa lărgirii cooperării militare dintre NATO şi Rusia, avînd în vedere, printre altele, aportul pozitiv al forţelor ruseşti la operaţiile de menţinere a păcii din Bosnia şi Kosovo.

Toate aceste dulcegării, în care oficialii NATO se înnăclăiesc de ani de zile, nu tulbură cîtuşi de puţin Moscova, care-şi continuă seria de declaraţii contradictorii. Astfel, după ce Putin a afirmat că nu exclude aderarea ţării sale la Alianţa NordAtlantică – punînd astfel în încurcătură pe diplomaţii occidentali –, Rusia adoptă o nouă poziţie, considerînd, de data aceasta, că NATO reprezintă o ameninţare la adresa securităţii sale naţionale. Prin urmare, ea se vede îndreptăţită să recurgă la toate mijloacele de care dispune pentru a îndepărta această ameninţare, a declarat generalul rus Leonid Ivaşov, într-un interviu publicat de cotidianul Trud.

„Doctrina militară rusă consideră activitatea NATO şi extinderea Alianţei drept o ameninţare pentru securitatea Rusiei", a adăugat Ivaşov, responsabil pentru cooperarea internaţională în cadrul Ministerului Apărării de la Moscova.

„Avem drept misiune utilizarea întregului arsenal disponibil pentru a reduce ameninţarea reprezentată de NATO – începînd cu iniţierea de contacte pînă la extinderea mijloacelor de presiune, dacă acest lucru este necesar", a mai spus el.

Doctrina militară invocată de oficialul rus s-a înăsprit mult în ultima vreme, mai ales prin faptul că Moscova îşi rezervă, de acum încolo, dreptul de a folosi prima arma nucleară, în cazul în care „celelalte metode" nu produc efectul scontat. În cursul lunii care începe, Rusia îşi va face publică şi doctrina relaţiilor externe, care, mult mai dură decît cea pe care o înlocuieşte, reia acest principiu al folosirii prioritare a armelor nucleare.

Ca de obicei, în faţa acestor semne de agresivitate, Occidentul s-a făcut că nu bagă de seamă – ceea ce nu poate decît să îngrijoreze pe noii membri ai NATO, care sperau ca, prin această adeziune să se îndepărteze de Rusia şi nu, aşa cum se întîmplă în momentul de faţă, să se apropie de ea.

Iar cînd, recent, Moscova a anunţat că ar putea relua războiul împotriva Afganistanului – acuzat că ar susţine pe ceceni[1] –, singura reacţie a venit din partea Lordului Robertson, care a declarat, moale, că *nu ar fi de acord* cu o astfel de iniţiativă. Ceea ce echivalează dacă nu cu o încurajare, cel puţin cu o abdicare. Nici o altă atitudine nu putea fi mai periculoasă!

---

[1] Lucru care s-a dovedit a fi adevărat. Dar la fel de adevărat e faptul că niciodată, după dispariţia Uniunii Sovietice, Occidentul nu s-a putut acorda asupra unei atitudini constante faţă de Rusia, preferînd oscilările excesive între ură şi încredere aproape oarbă.

# KOSOVO: MULTIPLU EŞEC

Astăzi, cu o întîrziere de un an, toată lumea recunoaşte că intervenţia militară occidentală în Iugoslavia nu *a oprit*, ci *a declanşat* exodul populaţiei de origine albaneză; că violenţele sîrbeşti au devenit masive *după* începerea bombardamentelor; că genocidul nu a existat. Întîi Organizaţia pentru Securitate şi Cooperare în Europa (OSCE), apoi generalul britanic Sir Michael Jackson, care a condus trupele occidentale în Kosovo după încetarea ostilităţilor, au declarat că operaţiunea militară NATO a fost o *eroare*. (Rămîne de văzut dacă Emil Constantinescu o consideră în continuare „necesară şi legitimă"…) Senatul Canadei – ţară care a participat la război – a produs o rezoluţie extrem de critică la adresa acţiunii Alianţei Nord-Atlantice.

Se dovedeşte acum că *eroarea* occidentală – care, între altele, a făcut aproape la fel de mulţi morţi ca faimoasa „purificare etnică" – a fost în plus, din punct de vedere militar, un eşec ridicol. Săptămînalul american *Newsweek* a dezvăluit un raport confidenţial, elaborat de o comisie a Armatei aerului americane, din care reiese că *nu au fost distruse 120 de tancuri sîrbeşti, cum se anunţase, ci 14; nu au fost scoase*

*din uz 220 de transportoare blindate, ci 18; nu au fost nimi-*
*cite 450 de tunuri, ci 20!* E tot ce a izbutit, în 78 de zile de
bombardamente, să facă NATO, cea mai mare coaliţie mili-
tară a tuturor timpurilor, împotriva unei ţări care nici măcar
nu a încercat să se apere. Dezolant!...

După cum dezolant e haosul lăsat în urmă de această
ineptă cruciadă şi în care se împotmoleşte cu brio întreaga
diplomaţie occidentală. Crimele se înmulţesc (şi, după
toate statisticile, sînt mai numeroase decît înainte de
război), UCK îşi face de cap, traficul de droguri şi de femei
– vîndute ca sclave de către eroii albanezi de ieri – a devenit
incontrolabil.

Din *eroare*, operaţiunea occidentală s-a transformat în
eşec, iar acum începe să ia proporţiile unui dezastru pe punc-
tul să se întindă în ţările vecine. Între timp, autorii acestei
isprăvi – care se voia un exemplu, şi chiar va rămîne unul,
dar în sensul prost al cuvîntului – ţin discursuri docte şi,
foarte discret, încep să reia legăturile cu Belgradul. „Noua
ordine mondială" funcţionează. Dar într-o schemă absurdă!

15 iunie 2000



# ÎMPOTMOLIREA ÎN TRECUT

Între apatia alegătorilor (în medie, doar 50% s-au prezentat la vot, iar la Bucureşti 35%) şi frenezia care a cuprins partidele după anunţarea primelor rezultate s-a deschis o prăpastie în care s-au şi instalat himerele cele mai ciudate ale aşa-zisei politici româneşti.

Ceea ce s-a întîmplat nu are de ce să uimească: sondajele prefigurau – chiar dacă în mod exagerat – scorurile obţinute la primul tur al alegerilor locale. (În legătură cu aceasta, o întrebare devine indispensabilă: de ce, pe de o parte, partidele condamnă sistematic sondajele ca fiind rodul unor manipulări, în timp ce, pe de altă parte, le folosesc drept bază pentru negocieri şi acorduri secrete?...). În mod normal, din rezultatele acestei prime confruntări electorale a anului s-ar putea desprinde învăţăminte simple şi orientări politice clare. Dar ce e normal, simplu şi clar în funcţionarea partidelor noastre?!

Să amintim că, pe 4 iunie, s-a votat pentru posturile de primari (alegere care comportă un al doilea tur pe 18 iunie), pentru Consiliile locale şi pentru Consiliile judeţene. Rezultatele la aceste ultime două alegeri sînt definitive.

Formaţia condusă de Ion Iliescu (PDSR) obţine o medie de 26,83%, care poate fi corectată în plus sau în minus cu ocazia celui de-al doilea tur al alegerii pentru primari. Partidul Democrat (PD) al lui Petre Roman se plasează pe locul doi, cu o medie de 10,88%. Pe locurile următoare găsim Alianţa pentru România (ApR) a lui Teodor Meleşcanu, PNL şi ceea ce a mai rămas din CDR, cîştigătoarea (cu o majoritate relativă) a alegerilor din 1996.

Aşadar, cele trei partide care au rezultat din scindarea FSN se află deocamdată pe primele trei locuri.

Următoarea remarcă inevitabilă priveşte multitudinea de partide şi formaţiuni politice (66!) a căror participare la alegeri nu face decît să împrăştie în mod inutil voturile.

În acelaşi sens – şi luînd în considerare ipoteza că, pînă la alegerile legislative din noiembrie, opţiunile electoratului nu se vor schimba în mod spectaculos – ne putem referi la o previziune pe care o făceam încă de la începutul lui 1997 şi care se confirmă astăzi: scorurile mici ale partidelor riscă să conducă la imposibilitatea obţinerii unei majorităţi parlamentare şi, deci, la necesitatea unei alianţe foarte largi, adică inoperante.

Această perspectivă nu tulbură, însă, gîndirea „strategilor" de la Bucureşti. Astfel, Valeriu Stoica, vicepreşedintele PNL, consideră plin de entuziasm că, în realitate, alegerile au fost cîştigate de actuala coaliţie. Pentru a ajunge la acest rezultat, el totalizează voturile obţinute de CDR şi PNL, cărora le adaugă pe cele ale Uniunii Maghiare (UDMR) şi ale partidului lui Petre Roman! Din punct de vedere aritmetic, îi putem da dreptate (deşi, nici în felul acesta, nu se ajunge decît la 32,7%). Din punct de vedere politic, calculul său este fie o probă de irealism, fie o bătaie de joc. De trei ani şi jumătate, ni se spune în fiecare zi că alianţa forţată cu Roman este cauza tuturor blocajelor, tuturor eşecurilor. Iar acum Valeriu Stoica ne pregăteşte pentru o reînnoire a ei!

Pe de altă parte, libertatea totală pe care PNL a lăsat-o organizaţiilor sale teritoriale în privinţa negocierilor pentru turul al doilea nu exclude alianţe punctuale între liberali şi partidul lui Iliescu.

La rîndul lor, ţărăniştii par să fie atraşi de partidul lui Teodor Meleşcanu, considerat pînă mai ieri un club de securişti şi devenit brusc „de centru-dreapta"…

Toate aceste demersuri – pe cît de absurde, pe atît de dezolante – nu pot conduce decît la diluarea pluralismului politic într-o magmă de interese obscure, şi, în cele din urmă, la anularea lui *de facto*. E un risc pe care nu ni-l putem permite. Cum ar putea fi altfel cînd partidele – a căror menire firească este să se confrunte în căutarea celor mai bune soluţii pentru ţară – ajung să încheie alianţe nefireşti numai pentru că vor cu tot dinadinsul să cîştige sau să păstreze puterea?!

Alibiul invocat pentru justificarea acestor idei este necesitatea de a înfrînge PDSR. Sigur că întoarcerea la guvernare a oamenilor lui Ion Iliescu ar fi un lucru rău pentru ţară. Dar a-i înlătura cu preţul unei noi coaliţii inoperante, care să se poticnească alţi patru ani din criză în criză, nu e o soluţie mai bună. Ea are, pentru politicieni, avantajul de a le justifica inactivitatea, dar se poate dovedi catastrofală pentru 22 de milioane de români. Cît despre satisfacţia de a-i vedea în continuare pe „ai noştri" la putere, ea a devenit de mult discutabilă. *Cine, în haosul politic din România, sînt cu adevărat „ai noştri"? Etichetele şi-au pierdut semnificaţia; partidele pentru care votăm sînt infiltrate şi manipulate de foştii activişti, de foştii securişti, în aceeaşi măsură în care sînt şi cele pentru care nu votăm…*

Rezultatul alegerilor din 4 iunie nu are decît o singură semnificaţie: sătul de promisiuni nerespectate, electoratul a sancţionat actuala guvernare (lucru cu atît mai evident în cazul votului pentru Consiliile locale şi judeţene, cu caracter politic pronunţat căci opunînd partide şi nu persoane).

Reacţia partidelor ar fi trebuit să fie organizarea imediată a unor congrese extraordinare, în cadrul cărora să fie schimbate conducerile, să fie promovaţi oameni noi şi în special competenţi, să fie propuse programe limpezi şi realizabile. În locul acestor iniţiative de bun simţ, care ar însemna o adevărată şi promiţătoare înnoire, politicienii noştri îşi consumă energia pentru a inventa coaliţii care nu pot funcţiona. Activitatea lor din ultimele zile pare să spună: sîntem slabi, am eşuat, dar nu încercăm să ne îndreptăm, ci căutăm să ne sprijinim pe alţii pentru a ne compensa micimea. Interesul ţării nu intră în aceste calcule.

# LEGEA DOSARELOR:
## PRIMELE REVELAŢII, PRIMUL BLOCAJ

Înainte de primul tur al alegerilor locale, Colegiul Consiliului Naţional pentru Studierea Arhivelor Securităţii (CNSAS) a publicat un comunicat în care precizează că dintre cei 35 de candidaţi pentru funcţia de Primar general al Municipiului Bucureşti şase au fost identificaţi drept colaboratori ai Securităţii, iar un al şaptelea ca fost ofiţer de Securitate. În afară de ecologistul Marcian Bleahu, nu este vorba despre personalităţi foarte cunoscute, şi toţi au candidat pe liste care au obţinut scoruri neînsemnate. Dintre aceste şapte persoane, una singură recunoscuse că a avut legături cu Securitatea – şi aceasta în ciuda faptului că toţi candidaţii au trebuit să semneze declaraţii despre eventuale colaborări cu poliţia politică. Ceea ce înseamnă că ceilalţi şase au minţit!

Interesant de subliniat este faptul că această primă revelaţie a CNSAS nu a avut nici o urmare. Opinia publică nu s-a arătat scandalizată, iar persoanele desemnate de Colegiu şi-au păstrat calitatea de candidaţi!

Între cele două tururi de scrutin, CNSAS a încercat să verifice dosarele unora dintre candidaţii rămaşi în cursă, dar s-a lovit de lipsa de cooperare a SRI. În legătură cu aceasta, preşedintele Colegiului, Gheorghe Onişoru, a declarat presei: „Avem certitudinea că dosare care ne sînt furnizate sînt preselectate, fragmentare, dacă nu chiar modificate în structura şi în conţinutul lor. [...] Ne-am dus să-i verificăm pe candidaţii din oraşele mari şi din Bucureşti care s-au clasat pe locul doi. N-am putut. Ni s-a spus sec că nu au dosare. Nici la cartotecă nu sînt. Oameni despre care toată lumea ştie că au colaborat cu Securitatea nu apar acolo."

Într-un comunicat dat publicităţii de către CNSAS se arată: „Sîntem puşi în mod sistematic în condiţia unor intruşi indezirabili, care nu-şi pot desfăşura activitatea decît sub supravegherea atentă a unor reprezentanţi ai SRI-ului, cît mai departe de depozitele şi evidenţele de arhivă. [...] Amînarea indefinită a semnării protocolului de colaborare cu principalul deţinător de arhive – SRI – dovedeşte din partea acestei instituţii o anumită incapacitate de a asuma spiritul şi litera Legii nr. 187/1999 privind accesul la propriul dosar şi deconspirarea Securităţii ca poliţie politică."

Cum obstacolelor SRI li se adaugă şi faptul că CNSAS nu a primit încă un sediu definitiv, ceea ce îi complică mult funcţionarea, Colegiul a decis să-şi suspende investigaţiile „pînă în momentul cînd ele se vor desfăşura în condiţiile legii, pe un fond de cooperare".

După naşterea atît de anevoioasă a „legii dosarelor", după gravele modificări ce i s-au adus de-a lungul anilor, după sterilele discuţii privind compoziţia Colegiului, această instituţie care ar fi trebuit să funcţioneze încă din 1990 pare a se fi născut moartă. Securitatea, prin succedaneul său SRI, îşi păstrează şi secretele şi puterea. Dacă dosarele unor candidaţi fără nici o şansă şi fără greutate politică au putut fi examinate, cele ale „finaliştilor" rămîn inaccesibile. Încă o dată s-a dovedit că optimiştii – cei care sperau să vadă adevărul ieşind la iveală, cei care îşi închipuiau că România va intra, în sfîrşit, într-o vreme a curăţeniei morale – s-au înşelat.

În momentul în care Colegiul afirmă în mod public ceea ce era previzibil – şi anume că dosarele au fost măsluite – utilitatea acestei instituţii dispare! La ce near putea servi nişte arhive în care s-au operat schimbări în numele unor interese pe care nu le putem înţelege? Ce putem face cu dosare „murdărite”, sau (poate mult mai grav) „albite” potrivit jocurilor politice ale unei Securităţi care e împiedicată să moară? Cei zece ani de indulgenţă faţă de „foştii” securişti îşi arată acum caracterul nefast.

Se spera, probabil cu naivitate, că pentru alegerile din toamnă – prezidenţiale şi legislative – o primă selecţie va fi făcută în funcţie de revelaţiile Colegiului. Ştim acum că această selecţie a fost deja făcută de către Securitate-SRI. Aşadar, nu numai dosarele au fost măsluite, ci întregul joc politic. Dar poate că, în fond, conţinutul dosarelor nu mai interesează pe nimeni. Este, de altfel, ipoteza cea mai dramatică ce planează asupra actualităţii româneşti…

Fără îndoială, adevărul trebuie să existe încă, ascuns undeva, în meandrele post-securiste. Dar, pentru a-l descoperi, va fi nevoie de o ocîrmuire hotărîtă să-l caute, o ocîrmuire care să fie în stare să domine cu fermitate serviciile secrete. Ar fi, de altfel, o situaţie firească. Astăzi, nu este decît un ideal!

# SCRISOARE DESCHISĂ DOMNULUI EMIL CONSTANTINESCU PREŞEDINTE AL ROMÂNIEI ŞI PROTECTOR AL LUI ADRIAN COSTEA

Domnule Preşedinte,

S-a împlinit o lună de cînd o serie de scandaluri – „albumul", „afişele electorale", „petrolul pentru Serbia" –, toate putînd fi aşezate sub numele generic „scandalul Costea", tulbură viaţa politică a României. O lună de cînd, din ipoteze în revelaţii, aceste scandaluri alimentează presa internă şi internaţională, aducînd ţării grave prejudicii.

Desigur, Adrian Costea este o „moştenire" a regimului trecut, dar o moştenire pe care actuala ocîrmuire a acceptat-o, a folosit-o şi i-a sporit chiar importanţa. Motivul pentru care, în 1991, Ambasada României la Paris a ţinut să-l prezinte pe Adrian Costea – care, pe atunci, era un necunoscut a cărui principală „performanţă" fusese conducerea la faliment a unei societăţi de decoraţiuni interioare – rămîne un mister. Şapte ani mai tîrziu, condiţiile în care Dumneavoastră l-aţi cunoscut sînt, la rîndul lor, greu de explicat.

În primăvara lui 1998, Adrian Costea v-a adresat o scrisoare conţinînd analize politice de o covîrşitoare banalitate, consideraţii de-a dreptul puerile de marketing politic şi sfaturi

simpliste. Aparent, acest text a produs asupra Dumneavoastră
un efect destul de puternic pentru a vă determina să-i tele-
fonaţi autorului său şi să-l invitaţi la Bucureşti. După ştiinţa
mea, nici unul dintre românii din străinătate care v-au adresat
analizele lor – unele mult mai inspirate decît vorbăria sterilă
a lui Adrian Costea – nu s-a bucurat de un astfel de tratament
de favoare. De ce această stranie alegere?

În momentul cînd îl primeaţi pe Costea – „cu prietenie",
după spusa lui – Remus Opriş formulase deja de un an (!) o
cerere de anchetă în legătură cu „afacerea albumul" care îl
implica total pe interlocutorul Dumneavoastră privilegiat. Iar
autorităţile franceze îl puseseră sub urmărire penală,
bănuindu-l de deturnare şi spălare de bani. Dacă ignorarea
de către preşedinţie a învinuirilor ce i se aduceau în Franţa
ar putea fi înţeleasă, în schimb este de neconceput că, printre
numeroşii Dumneavoastră sfetnici, nimeni nu era la curent
cu ancheta care se desfăşurase la Bucureşti. Sau, poate, vă
era indiferent faptul de a întîlni un om cercetat pentru parti-
ciparea sa la devalizarea Bancorex?

Sigur, prezumţia de nevinovăţie este unul dintre princi-
piile fundamentale ale dreptului. Dar, dat fiind respectul pe
care îl datorează funcţiei în care a fost ales, un şef de stat tre-
buie să fie prudent în relaţiile sale. Ce alt preşedinte, în nu-
mele acestui principiu juridic, riscă să se discrediteze
întreţinînd relaţii amicale cu un inculpat de drept comun?

În ciuda oricărei logici şi riscînd o nouă compromitere a
credibilităţii României, aţi încredinţat acestui personaj în-
doielnic un mandat de ambasador itinerant, pe care, *după*
arestarea lui în Franţa şi în plin scandal internaţional, l-aţi
prelungit. În momentul în care această paradoxală decizie a
ieşit la iveală, purtătorul de cuvînt al preşedinţiei a explicat,
nesocotind adevărul, că nu aţi făcut decît să reînnoiţi man-
datul acordat de Ion Iliescu. Dar fostul preşedinte făcuse din
Adrian Costea un consilier prezidenţial, în timp ce Dumnea-

voastră i-aţi atribuit o cu totul altă funcţie, transformîndu-l în ambasador itinerant. În plus, mandatul pe care i l-aţi remis a fost eliberat la numai două zile după punerea lui în acuzare de către justiţia franceză! E oare vorba despre o simplă (şi neplăcută) coincidenţă? Sau s-a încercat, în felul acesta, protejarea *in extremis* a ilustrului om de afaceri?

Mandatul pe care l-aţi semnat – conţinînd confuzii juridice şi greşeli de franceză – este şi el în contradicţie cu declaraţia fantezistă a purtătorului de cuvînt al preşedinţiei. În timp ce Dumneavoatră îl însărcinaţi pe Costea cu organizarea planului de reconstrucţie a Iugoslaviei şi a Europei de Sud-Est („misiune de interes naţional şi regional", după cum spuneţi), Răsvan Popescu afirmă că mandatul nu avea altă menire decît să-i faciliteze acestuia distribuirea albumului „Eternă şi fascinantă Românie". Dar e oare nevoie de un ambasador itinerant pentru a expedia cărţi prin poştă? Din ce grave disfuncţii ale preşedinţiei provin aceste contradicţii?

Dumitru Ciauşu, ambasadorul României în Franţa afirmă că nu-l cunoaşte pe Adrian Costea. Cum e oare posibil ca doi ambasadori numiţi în aceeaşi ţară şi de către acelaşi şef de stat să nu se cunoască între ei? Cu atît mai mult cu cît aşa-zisa misiune a lui Adrian Costea intră, de fapt, în domeniul de competenţe al Ambasadei. Care era utilitatea *reală* a acestei excrescenţe diplomatice care este Adrian Costea?

În 1996, aţi refuzat colaborarea multor români din străinătate invocînd argumentul dublei lor cetăţenii. Acest lucru nu v-a mai deranjat însă cînd l-aţi numit pe Adrian Costea, cetăţean român şi israelian. De ce acest constant regim preferenţial, care depăşeşte nivelul obstinaţiei pentru a intra într-o zonă neclară în care orice întrebare devine posibilă?

Bănuit, anchetat, arestat, lăsat în libertate condiţionată, trăind ascuns, Adrian Costea este în continuare – prin ferma Dumneavoastră hotărîre – ambasador itinerant al României. O situaţie absurdă, pe care o agravează faptul că Ministerul

Afacerilor Externe al României a decis săi retragă paşaportul diplomatic! Cum se explică această incoerenţă de decizii?

E limpede că, în situaţia lui actuală, Adrian Costea nu mai poate face nici puţinul pe care l-a făcut înainte – adică să expedieze o carte fără interes, tipărită cu bani deturnaţi şi însoţită de o scrisoare ridicolă. În schimb, prin suspiciunile care planează asupra lui, el poate să aducă prejudicii considerabile imaginii României. Acelaşi lucru se poate spune şi despre stăruinţa Dumneavoastră de a-l menţine într-o funcţie inutilă: în cancelariile Occidentale – unde personaje mult mai importante decît Adrian Costea şi-au dat demisia de îndată ce vreo bănuială a planat asupra lor – ea nu provoacă nici o admiraţie. Dimpotrivă! Că aţi decis să-i acordaţi în continuare încrederea Dumneavoastră este, în sine, un lucru care ar trebui să surprindă. Dar că aţi înţeles să puneţi acest sentiment personal deasupra intereselor ţării, nu poate decît să revolte. Căci, în momentul de faţă, nu mai poate fi vorba decît de o relaţie personală între Dumneavoastră şi el. De ce vă e atît de greu, Domnule Preşedinte, să vă despărţiţi de Adrian Costea?

*Paris, 5 iunie 2000*

1 iulie 2000

*Editorial*

# MIRAJE

Testul alegerilor locale s-a încheiat într-un haos indescriptibil de aşazise idei politice şi într-o euforie generală a partidelor, din care s-ar putea înţelege că toată lumea a ieşit învingătoare.

Exemplul cel mai surprinzător îl constituie, fără îndoială, Traian Băsescu, adjunctul lui Petre Roman în Partidul Democrat (PD) şi alesul bucureştenilor. Victoria lui la Primăria capitalei a fost salutată cu entuziasm de mai toate partidele de dreapta. Poate că dl Băsescu va fi un bun primar (ar fi, de altfel, greu să fie mai prost decît cei care l-au precedat!), dar, *din punct de vedere politic*, acest entuziasm e greu de înţeles. De ani de zile, Traian Băsescu este unul din oamenii politici pe care dreapta i-a înjurat cel mai mult. Capul lui a fost cerut cu vehemenţă în cadrul încă nelimpezitei afaceri a vînzării unei părţi a flotei româneşti. Apoi, din nou, cînd a stîrnit criza guvernamentală ce a condus la căderea guvernului Ciorbea. Iarna trecută, din cauza declaraţiilor lui grosolane, Valeriu Stoica a fost pe punctul să ceară retragerea PNL de la guvernare. Pe scurt, Traian Băsescu a apărut mereu ca un obstacol în calea bunului mers al politicii româneşti, ca un duşman al tuturor. Iar astăzi, toţi cei – în frunte cu Valeriu Stoica – care sperau să-l vadă dispărînd din viaţa publică sînt fericiţi de victoria sa.

Acest paradox, în care se află concentrată întreaga absurditate a politicii româneşti, se poate rezuma astfel: dreapta nu a fost în stare să-l învingă pe duşman (candidatul PDSR); cel care a reuşit această ispravă (cu voturile dreptei, de altfel) este tot un duşman, dar pe care victoria îl transformă în prieten. Ne aflăm în aceeaşi logică şchioapă şi păguboasă care, după alegerile din 1996, a făcut ca dreapta – care nu putuse obţine singură majoritatea – să se alieze cu partidul lui Petre Roman pentru a forma un guvern inoperant. Iar această logică, încă şi mai pervertită, va sta la baza alegerilor viitoare.

Inutil triumfalişti, oamenii actualei puteri ne spun că alegerile locale au fost cîştigate de către coaliţia de guvernămînt. Dar nu ne explicau tot ei, pînă nu demult, că alianţa cu PD i-a împiedicat să facă ceea ce promiseseră? Atunci de ce trebuie să ne bucurăm de ascensiunea acestui partid? Poate pentru că trebuie să ne pregătim în vederea unei noi coaliţii contra naturii, perfect inutilă pentru ţară, dar prin care să poată fi justificată inacţiunea viitoare!

Sigur, victoria împotriva lui Ion Iliescu şi a partidului său este, în sine, un obiectiv meritoriu. Dar cu condiţia ca această victorie să fie folosită spre binele României şi nu, pur şi simplu, pentru a ajunge la putere. Dacă, însă, înfrîngerea lui Iliescu ne-ar costa din nou un Parlament în care membrii majorităţii ajung să voteze împotriva propriilor lor partide, un guvern blocat jumătate din timp de capricii diverse (multe datorate tocmai lui Traian Băsescu – eroul zilei) şi un preşedinte care îşi pierde timpul căinîndu-se că este înfrînt de „foştii" securişti, atunci această înfrîngere va fi inutilă. Obsesia victoriei împotriva lui Ion Iliescu şi a PDSR este sterilă atîta vreme cît ea nu este însoţită de dorinţa de a acţiona în folosul ţării. Or, din alianţele care se pregătesc – sortite în mod inevitabil eşecului – nu reiese decît voinţa maladivă a unora de a se agăţa de putere.

Contrar celor afirmate recent de preşedintele PNL, Mircea Ionescu-Quintus, care probabil pregăteşte astfel calea către cine ştie ce compromisuri, alianţele se încheie *împotriva* unui duşman comun. Iar scopul lor este de a întări pe cei care le-au contractat. Actuala coaliţie nu răspunde acestor reguli elementare, întrucît, pe de o parte, Partidul Democrat nu a dovedit vreo determinare specială împotriva PDSR şi, pe de altă parte, Convenţia Democrată a ieşit slăbită din această aventură. Aranjamentele care se configurează pentru viitor vor cădea inevitabil în aceleaşi păcate.

Speriaţi de indicaţiile uniform dezastruoase ale sondajelor – dar contestîndu-le, în acelaşi timp, cu îndărătnicie – strategii de la Cotroceni au conceput o formulă electorală discutabilă din punct de vedere politic (şi poate chiar constituţional): candidatul la preşedinţie este prezentat în „tandem” cu viitorul prim-ministru. Astfel, Emil Constantinescu, a cărui cotă de popularitate a scăzut sub 20%, speră să fie ales cu sprijinul lui Mugur Isărescu, apreciat favorabil de 54% dintre români. Că acesta din urmă a fost, vreme de zece ani, protejatul lui Ion Iliescu, sau că, în timpul crizei din decembrie [1999], el a fost impus de PDSR şi PD, nu are nici o importanţă. Ceea ce contează – pentru binele României, din cîte ni se spune – este rămînerea în funcţie a preşedintelui învins! Cît despre ideea de a căuta un alt candidat pentru funcţia de (adevărat) şef al statului, ea pare să nu fi străbătut nici o minte a Convenţiei Democrate, iar acum, evident, e mult prea tîrziu.

Pe de altă parte, Valeriu Stoica, în numele PNL, negociază promovarea altor „foşti” oameni ai lui Iliescu: Teodor Meleşcanu pentru preşedinţie, însoţit de popularul Theodor Stolojan pentru postul de prim-ministru. Idee nefericită ce poate costa nu numai identitatea, ci chiar existenţa unuia dintre cele mai vechi partide liberale din lume. Şi asta pentru că, împotriva oricărei logici, dl Stoica speră să-şi păstreze portofoliul de ministru al Justiţiei sub o eventuală guvernare „social-liberală". Periculoase himere!...

Guvernanţii de azi, după ce au omorît Covenţia Democrată care i-a adus la putere, speră să înfrîngă PDSR folosindu-se de luciul înşelător al unor cioburi desprinse tocmai din trupul acestui partid. Cui va folosi o astfel de victorie ? Lor înşile, poate, un timp. Dar nu României!

17 iulie 2000

Editorial

# FANTASMA STABILITĂŢII

Potrivit unei ciudate expresii ce s-a instalat după 1996 în limbajul diplomatic de la Bucureşti, România este „furnizor de stabilitate".

O invenţie lingvistică nefericită – între atîtea altele, din păcate! – ce vrea să spună, în fond, că nu ne aflăm în conflict cu nimeni. Şi, totodată, un argument inutil pentru că, în afara Iugoslaviei şi, eventual, a Albaniei, toate statele europene pot spune despre ele însele acelaşi lucru. Nimeni nu ameninţă pe nimeni, nicăieri nu se prefigurează focare de război. Ceea ce România încearcă să prezinte drept o fericită şi lăudabilă excepţie, este în realitate regula ce se aplică la scară continentală. Geniul publicitar nu a pogorît încă pe malurile Dîmboviţei!

Dar absenţa conflictelor internaţionale sau a revendicărilor teritoriale e departe de a fi suficientă pentru a defini o stare de stabilitate. În contextul politic de azi, situaţia internă – politică, economică şi socială – este cea care, înainte de toate, conferă unui stat caracterul stabil sau, dimpotrivă, şubred. Privită sub acest unghi, România este departe de a fi un „furnizor de stabilitate".

În primul rînd, de-a lungul ultimilor zece ani, autoritatea s-a diluat pînă la a-şi pierde orice substanţă. Între o justiţie ai cărei reprezentanţi se lasă prea uşor corupţi şi o poliţie pe care incompetenţa sau laxismul o fac ineficace, între un legislativ care nu se interesează decît de propria-i supravieţuire şi un executiv supravieţuind cu greu interminabilelor scandaluri, statul nu mai este decît un spectru inutil. Cine deţine puterea în România? În orice caz, potrivit propriei declaraţii a lui Emil Constantinescu, nu cei ce par a fi la cîrma ţării! Atunci, cine? Tot preşedintele sugerează răspunsul: foştii activişti comunişti, securiştii, marii corupţi, mafioţii. Ceea ce revine la a spune că ei sînt cei care asigură şi „furnizează" stabilitatea. Ipoteză, evident, absurdă.

Clasa politică, pierdută în certuri necontenite, alergînd mereu după alianţe imposibile şi convinsă că interesul personal al membrilor ei este infinit superior celui al societăţii, contribuie nu la crearea stabilităţii, ci, dimpotrivă, la ruperea tuturor echilibrelor. Poate că românii au dreptate cînd, de la un sondaj la altul, afirmă constant că instituţiile politice sînt cele care le inspiră cea mai puţină încredere. Dar pentru observator – şi mai cu seamă pentru cel apusean – această stare sugerează premisa unei grave anarhii.

Dincolo de amabilităţile de rigoare (şi de faţadă!), pe care politicienii şi jurnaliştii noştri le iau greşit drept semne de recunoaştere şi preţuire, reprezentanţii organismelor internaţionale sau investitorii străini se plîng sistematic de absenţa stabilităţii politice, legislative şi juridice din România. Astfel se explică de ce atîtea proiecte bat pasul pe loc, de ce investiţiile stagnează la un nivel ridicol. (În zece ani, România a atras tot atîtea capitaluri străine cît Polonia în primul trimestru al anului trecut!)

Lăsată pe mîna „specialiştilor" locali şi a oamenilor de afaceri care oscilează între incompetenţă şi necinste, economia nu este nici ea un exemplu de stabilitate. Întîrzieri nejustificate în procesul de reformă, privatizări parţiale sau discutabile, o legislaţie neclară sînt doar primele elemente ale dezechilibrului. Li se adaugă nenumăratele escrocherii, corupţia masivă, feluritele forme de fraudă. Pe scurt, România nu inspiră încredere întreprinzătorilor străini.

Din cele 60 de miliarde de dolari pe care Emil Constantinescu promitea, în 1996, că le va atrage, în România n-au intrat nici 3%! De ce oare? Din cele 2 000 de societăţi franceze implantate în România, 90% (sic!) nu au nici o activitate. Ele au deschis doar reprezentanţe reduse la cea mai simplă expresie şi aşteaptă vremuri mai bune. Să fie toate acestea probe de stabilitate pe care nu le înţelegem?

Dar starea socială a României? Ce garanţii oferă ea? Cînd o anchetă de acum cîteva luni arăta că 65% dintre studenţi nu urmăresc alt scop decît emigrarea, cînd adolescente de 16 ani se vînd pe nimica toată bandelor de proxeneţi internaţionali care le transformă în sclave, cînd rata speranţei de viaţă scade din an în an spre deosebire de orice altă ţară civilizată, cînd o treime din populaţia ţării trăieşte sub limita mizeriei, cînd peste trei generaţii fiecare familie va avea cel puţin un ascendent crescut în oribilele orfelinate moştenite de la Ceauşescu, cînd delincvenţa se generalizează şi corupţia stă la baza averilor burgheziei de mîine – motivele de a fi optimist sau de a crede în gogoriţa stabilităţii sînt foarte limitate.

Bineînţeles, am fi vrut cu toţii ca România să arate altfel. Cît despre excepţiile care alimentează optimismul unor călători – atit de rari! –, ele sînt şi rămîn, din păcate, doar excepţii. Şi asta pentru că sistemul nefericit din care, de zece ani, nu reuşim să ieşim se opune cu îndîrjire transformării excepţiilor în regulă.

În 1990, au putut fi măsurate cu adevărat ravagiile pe care le lăsase în urma sa sistemul comunist. Şi atunci, România a pornit pe un drum greşit. „Democraţia originală" instalată de cuplul Iliescu-Roman este, fără îndoială, la originea majorităţii relelor pe care le constatăm astăzi. Impostura, incompetenţa şi necinstea au fost lăsate să crească şi să sporească în deplină libertate. O uitare grăbită a transformat atunci prea mulţi activişti şi securişti în stîlpi ai reformei politice, economice şi chiar morale. Guvernanţii din 1990-91 poartă în faţa Istoriei responsabilitatea teribilă de a fi pus bazele unui sistem în care eşecul nu mai tulbură pe nimeni şi-n care pungăşia e meritorie dacă izbuteşte să rămînă nepedepsită. Dar regimul care a fost adus la putere în 1996 este vinovat de a nu fi opus acestor rele decît discursuri grandilocvente şi văicăreli sterile.

# DEZBINAREA LIBERALĂ

După intrarea ţărăniştilor într-un soi de însingurată hibernare, liberalii sînt împinşi cu formidabilă determinare la sinucidere de către însuşi prim-vicepreşedintele lor, Valeriu Stoica, actualul ministru al Justiţiei.

Dl Stoica a început prin a aclama alegerea lui Traian Băsescu la Primăria capitalei (acesta din urmă tăindu-i repede entuziasmul printr-una din declaraţiile grosolane în care e specializat). Apoi, dl Stoica a ţinut morţiş să convingă opinia că actuala coaliţie de guvemămînt a cîştigat alegerile municipale, deşi era perfect conştient de faptul că această coaliţie nu mai supravieţuieşte decît prin forţa inerţiei. În sfîrşit, uitîndu-şi recentul optimism, el a declarat că PNL nu poate obţine un scor onorabil la alegerile din toamnă decît dacă se aliază cu ApR, partidul lui Teodor Meleşcanu. Idee ciudată, pe care unii liberali o vînturau încă din iarna trecută şi care, acum, este la originea unui scandal liberalo-liberal de proporţii considerabile.

Imitînd ideea „tandemurilor" iniţiată de Cotroceni – care constau în prezentarea unui candidat la preşedinţie susţinut de un prim-ministru desemnat *a priori* – şi uitînd probabil din ce partid face parte, Valeriu Stoica, sensibil la indicaţiile sondajelor, a propus o alianţă PNL-ApR, urmată de o fuziune, această absurdă construcţie urmînd să susţină echipa Meleşcanu-Stolojan.

În acest punct, cîteva indicaţii sînt utile. În continuarea unei cariere nu tocmai neînsemnate înainte de 1989, Theodor Stolojan a fost prim-ministru pe vremea lui Iliescu şi s-a distins printr-o totală inactivitate (ceea ce-l face, azi, foarte popular). Singura măsură spectaculoasă (dar în sensul negativ!) luată de el a fost convertirea obligatorie în lei a depozitelor bancare valutare – iniţiativă care, dată fiind rata impresionantă a inflaţiei, a pricinuit multe pierderi depunătorilor. După această ispravă, a plecat să-şi exercite talentele la Banca Mondială. În 1996, a făcut campanie pentru Iliescu, dar nu s-a înscris în nici un partid. Unele sondaje îl creditează cu o cotă de popularitate pe care nu o justifică decît faptul că, de şase ani, nu mai participă la viaţa politică. Stolojan este susţinut de Iniţiativa Social-Liberală (ISL), compusă în cea mai mare parte din foştii membri ai grupului Un Viitor pentru România, toţi apropiaţi ai lui Iliescu.

Teodor Meleşcanu este un foarte vechi diplomat. Iliescu l-a numit ministru de Externe, colaborarea dintre cei doi oameni fiind excelentă. După alegerile din 1996, şi-a fondat propriul partid, Alianţa pentru România (ApR), cunoscut şi sub numele de „partidul coloneilor", întratît (pare-se) această formaţie este compusă din foşti ofiteri sau colaboratori ai Securităţii.

Cît despre Valeriu Stoica, aflăm din biografia lui că a absolvit Facultatea de Drept în 1976, după care a beneficiat de „burse, seminarii, conferinţe internaţionale, stagii profesionale şi colocvii în străinătate: SUA, Franţa, Anglia, Olanda, Suedia, Egipt, Israel, Grecia, Italia, Danemarca, Norvegia, Austria." Pe scurt, un om norocos! Ciudat de norocos…

Crezînd, aşadar, că rolul unui partid este acela de a se alia şi transforma ca un cameleon în funcţie de hatîrurile exprimate în sondaje, Valeriu Stoica a demarat negocierile cu ApR în ciuda opoziţiei manifestate de o mare parte a conducerii PNL. Ostil, la început, perspectivei unei alianţe, preşedintele PNL, Mircea Ionescu-Quintus, a sfîrşit prin a se ralia punctului de vedere susţinut de adjunctul său. După o bună „prelucrare", 39 din cei 47 de şefi de filiale ale partidului au adoptat şi ei ideea unei fuziuni cu ApR.

Astfel, Biroul Permanent Central al PNL a decis, printr-un proiect de hotărîre din 14 iulie, continuarea negocierilor cu ApR. Între timp, însă, Alianţa pentru România se află şi ea în plină derută, decizînd, pe de o parte, să prezinte candidatura lui Teodor Meleşcanu pentru funcţia de preşedinte al Republicii, şi, pe de altă parte, să înceapă discuţii cu partidele lui Ion Iliescu şi Petre Roman în vederea constituirii un „pol social-democrat". O astfel de combinaţie – inspirată şi ea de ultimele sondaje – ar lăsa, evident, pe liberali undeva în afara jocului politic. În faţa acestei posibiltăţi, Valeriu Stoica ar fi decis, potrivit *României libere*, să creeze un „pol social-liberal" care ar susţine candidatura lui Theodor Stolojan la preşedinţie, secondat de Dan Voiculescu ca prim-ministru. (Dan Voiculescu, al cărui partid s-a aliat de curînd cu partidul lui Ion Iliescu, şi care este implicat în imense scandaluri financiare ce-şi află originea în societatea „Crescent", o anexă comercială a Securităţii.)

Privite cu atenţie, mişcările lui Valeriu Stoica par a avea drept principal scop distrugerea PNL. E limpede că liberalii şi-ar pierde atît sufletul cît şi identitatea dacă dl Stoica ar reuşi să-i atragă în abracadabrantele sale combinaţii politice.

Din fericire, un grup de personalităţi ale partidului se opun iniţiativelor lui Valeriu Stoica. Cu binevenită vehemenţă, senatorul Dan Amedeu Lăzărescu a declarat că alianţa cu ApR este o „soluţie de o aberaţie anormală", iar ideea de social-liberalism este „imbecilă şi absolut catastrofală". Deputatul Călin Popescu-Tăriceanu face parte din acest grup, alături de

Dinu Zamfirescu, Dinu Patriciu şi Horia Rusu. Nicolae Manolescu a demisionat din funcţia de preşedinte al Consiliului Naţional al PNL şi din partid, iar Decebal Traian Remeş şi-a dat demisia din funcţia de ministru de Finanţe, spunînd că nu înţelege să fie ministru al unui partid care îşi trădează identitatea şi valorile.

Între Radu Câmpeanu şi Valeriu Stoica, e greu de spus că Partidul Naţional Liberal a fost favorizat de soartă în ultimii zece ani. Acum, la fel ca în 1990, el riscă să fie împins către o ruptură. Cu atît mai mult cu cît Congresul extraordinar convocat pe 18 august pentru a decide definitiv politica de alianţe se poate încheia prin eliminarea grupului de opozanţi. Acţiunea lor e, fără îndoială, meritorie şi o decizie de excludere n-ar face decît să-i onoreze. Poate, însă, că ar fi bine ca ei s-o preîntîmpine. În mai 1990, printr-o scrisoare deschisă adresată lui Radu Câmpeanu, îi incitam pe tinerii liberali să se îndepărteze de el pentru a se salva de politica lui de compromisuri. Nu ştiu dacă îndemnul meu a jucat vreun rol în constituirea Aripii Tinere a PNL. Dar constat că foştii ei membri sînt printre opozanţii de azi ai lui Valeriu Stoica. Minoritari, ei nu se vor putea descotorosi de cei care ţin morţiş să transforme PNL într-o anexă a stîngii, de cei pentru care politica nu înseamnă decît îngenuncherea în faţa sondajelor. În schimb, ei pot, fără a aştepta să fie izgoniţi, crea o nouă formaţie care să apere identitatea şi ideile liberale. Le-ar rămîne sarcina – grea, dar pasionantă – de a convinge alegătorii că fidelitatea şi consecvenţa sînt preferabile cameleonismului.

1 august 2000



# EROI ŞI OAMENI PROVIDENŢIALI

Cu cîtă uşurinţă sînt plăsmuiţi falşii eroi în România! Şi cu cîtă grabă li se ridică statui împrejurul cărora se desfăşoară ritualuri de operetă! Dar nu e oare firesc să fie aşa cînd cei care îl proslăveau pe „geniul Carpaţilor" sînt atît de numeroşi şi atît de senini în mizeria lor?

Cultul personalităţii e o boală de care România nu s-a vindecat încă şi de care nici nu dă semne că ar vrea să se vindece. Adăugat pitorescului inept al unor politicieni şi diletantismului derizoriu al altora, el dă vieţii publice româneşti accente tragi-comice care contribuie în mod decisiv la faptul că sîntem atît de puţin luaţi în serios. Impresia de provincialism care se degaje din combinaţia acestor trei racile e covîrşitoare.

Decizia lui Emil Constantinescu de a nu se prezenta din nou la alegerile din toamnă a stîrnit un val de reacţii ce amintesc patetic „epoca de aur". Unii au decis că gestul lui trebuie privit „cu evlavie" (*sic!*), alţii i-au atribuit virtuţi morale fără precedent în *întreaga* istorie a României! Cei mai mulţi, cuprinşi de o admiraţie fără limite, subliniază faptul că hotărîrea lui e fără precedent – lucru, de altfel, destul de simplu, dacă luăm în considerare faptul că Emil Constantinescu e abia al doilea preşedinte ales prin sufragiu liber.

Ar fi aproape o cruzime să întocmim lista tuturor absurdităţilor care s-au publicat cu această ocazie şi pe cea a autorilor lor. Chiar dacă Emil Constantinescu ar fi fost un mare preşedinte, cele ce s-au scris de două săptămîni încoace despre el şi-ar fi păstrat caracterul ridicol, demn de discursurile sforăitoare imaginate *în bătaie de joc* de Caragiale. Emil Constantinescu, însă, n-a fost decît un preşedinte mediocru care s-a mulţumit să semnaleze prin lamentaţii ceea ce nu a izbutit (sau nu a vrut) să facă.

Reforma morală, lupta împotriva corupţiei, anihilarea foştilor activişti şi securişti, restituirea proprietăţilor furate de comunişti, atragerea unor enorme investiţii străine, „Contractul cu România" – toate au rămas vorbe goale. În loc să le vedem împlinidu-se, ni s-au oferit discursuri lacrimogene de neputinţă. Prioritatea ce i se poate atribui lui Emil Constantinescu – căci există una, totuşi – nu este aceea de a se fi retras din cursa electorală, ci, din păcate, aceea de a-şi fi exhibat eşecul la numai cîteva luni după instalarea în fruntea statului („Am cîştigat alegerile, dar nu am cucerit puterea", afirma el în 1997).

Emil Constantinescu a fost un preşedinte mediocru pentru că, probabil, e un om slab şi, în acelaşi timp, vanitos. Amestec teribil pe care îl ghicim observînd cu cîtă voluptate vorbeşte despre treburile ţării, reducîndu-le la propriile lui trăiri ca preşedinte, pentru a sfîrşi sistematic prin a-şi mărturisi înfrîngerea. Amestec care i-a interzis să devină un adevărat om de stat. E drept, pe de altă parte, că nu-i putem reproşa aceste slăbiciuni. Reproşul trebuie adresat celor care l-au văzut altfel decît este, celor care l-au împins către o funcţie căreia nu i-a putut face faţă. Cu atît mai mult cu cît situaţia în care se află România din 1990 încoace impunea prezenţa la cîrma ţării a unui adevărat om de stat, înconjurat de o echipă care să-i semene. Se spune despre un rege sau un preşedinte că poate fi judecat şi după sfetnicii pe care şi-i alege. Un domeniu în care, încă din primele săptămîni, Emil Constantinescu şi-a ratat intrarea în viaţa politică.

Departe de a trăda calităţile morale şi subtilitatea care i se atribuie, discursul din 17 iulie [2000] prin care dl Constantinescu a anunţat că nu va candida pentru un nou mandat, este un discurs de *abandon*. Încă unul. Un discurs confuz, în care se amestecă, pe cît de straniu, pe atît de patetic, dezgustul şi promisiunile de mărire a pensiilor (promisiuni, de altfel, contestate chiar a doua zi de primul ministru). Nu ne putem împiedica să ni-l amintim pe Ceauşescu, în ziua de 21 decembrie 1989, promiţînd, împotriva huiduielilor, o mărire generală de salarii. Să fie oare, alături de cultul personalităţii, încă un reflex permanent al politicii româneşti?

După propria-i explicaţie, el pleacă într-un moment în care putea din nou să spere un al doilea mandat. Şi, într-adevăr, cota lui de popularitate era în creştere. Dar, înainte de a pleca, dl Constantinescu ne promite o luptă acerbă împotriva corupţiei – cu alte cuvinte, ar vrea să facă în trei luni ceea ce nu s-a făcut în trei ani şi jumătate. Nu e numai absurd, ci şi imposibil, atît din punct de vedere poliţienesc, cît şi juridic. De altfel, cele două săptămîni scurse de atunci nu s-a întîmplat nimic spectaculos în acest domeniu!

Rămîne, însă, interesant faptul că afirmaţiile sale nu confirmă de loc analizele diverşilor observatori care au vrut să transforme acest abandon într-un enorm triumf moral. Nu ne rămîne decît să sperăm că viitorul mai mult sau mai puţin îndepărtat ne va feri de explicaţii stingheritoare ale deciziei d-lui Constantinescu.

Aşadar, „omul providenţial" (să ne amintim că, atunci cînd sfătuiam găsirea unui alt candidat, ni se răspundea că nu există altul mai bun!) dispare, încurcînd jocul celor care s-au bătut pentru el. Dar România nu duce lipsă de paradoxuri. În locul lui, pentru a ne apăra de Ion Iliescu, au apărut imediat alţi „oameni providenţiali", susţinuţi cu fervoare de partidele zise de dreapta: Mugur Isărescu, Theodor Stolojan, Teodor Meleşcanu. Şi, ca din întîmplare, toţi sînt foşti acoliţi ai lui Iliescu. În fond, de ce ne-am mira? Alţii mai buni nu avem, ni se va spune…

# CANDIDAŢI
# ...ŞI DIPLOMAŢI

În noaptea care a urmat primului tur al alegerii prezidenţiale din 1996, îngrijoraţi de scorul slab (28,2%) obţinut de Emil Constantinescu, o serie de şefi ţărănişti din cadrul Convenţiei Democrate Române (CDR) făceau calcule de viitor: „Nu trebuia să-l prezentăm pe Emil. Riscă să piardă. Avem un om formidabil – pe Ciorbea – şi e evident că, în 2000, pe el va trebui să-l susţinem." Citatul e dat din memorie, dar sensul este exact.

Constantinescu a avut nevoie de sprijinul lui Petre Roman pentru a nu pierde şi, cel puţin la fel de grav, de declaraţiile în favoarea schimbării făcute de Virgil Măgureanu. Declaraţii care, poate, s-au transformat chiar în ajutor.

În orice caz, alegerea lui Emil Constantinescu a echivalat cu o multiplă înfeudare. Seria neîntreruptă de contradicţii şi blocaje prin care s-a caracterizat actuala guvernare este rezultatul acestei înfeudări, ea însăşi explicîndu-se prin proastele rezultate obţinute în 1996 de către CDR şi candidatul susţinut de ea la preşedinţie.

Pe de altă parte, teza „pactului cu diavolul", susţinută în ultimii doi ani de analistul Şerban Orescu, este nu numai logică – ea se bazează pe date incontestabile.

Toate acestea explică atît caracterul ineficient al ocîrmuirii de după 1996, cît şi apariţia în sferele înalte ale puterii a unor personaje provenind din aparatul ocult al regimului Ceauşescu. Acelaşi lucru este valabil şi pentru reţeaua diplomatică, prin care România a proiectat în afară o imagine cel puţin îndoielnică.

În decembrie 1999, numirea lui Mugur Isărescu în postul de prim-ministru s-a făcut în defavoarea CDR şi la recomandarea explicită a d-lor Iliescu şi Roman. Indiferent de rezultatele pozitive care i se atribuie în prezent d-lui Isărescu (şi care sînt, deocamdată, invizibile pentru marea masă a românilor), numirea lui a reprezentat un abandon politic grav. Iar faptul că, acum, Emil Constantinescu, urmat de ceea ce a mai rămas din CDR, îl roagă pe Mugur Isărescu să accepte a fi candidatul dreptei la alegerea prezidenţială este, tot din punct de vedere politic, o perfectă absurditate şi un nou abandon.

Refuzul constant al CDR de a pregăti un alt candidat pentru postul de preşedinte a condus direct la strania situaţie în care ne aflăm şi care face ca oamenii de stînga de ieri să fie consideraţi singurii apţi de a pune în practică programele dreptei.

E greu de prevăzut ce şanse are dl Isărescu să fie ales, dar e şi mai greu de avut certitudinea că, în eventualitatea unui succes, el nu se va întoarce către prima lui familie politică: succedaneele FSN-ului.

Rămîne o întrebare: de ce ţărăniştii şi ceilalţi membri ai CDR uită că, încă înainte de alegerea lui Emil Constantinescu, se convinseseră că ar fi avut un candidat mai bun în persoana lui Victor Ciorbea? În acest moment de cumpănă şi de incertitudini, candidatura lui ar fi, evident, mai firească decît aceea a unui Mugur Isărescu, susţinut constant, de zece ani încoace, de d-nii Iliescu şi Roman. E un calcul pe care „strategii” de la Bucureşti, refuză să-l facă, preferîndu-i incertitudinea şi ambiguitatea legate de noul lor idol.

Ancheta în cadrul „dosarului Costea" continuă atît la Paris cît şi la Bucureşti. Recent, judecătorul de instrucţie francez a furnizat autorităţilor romăne 21 kg de documente privitoare în special la „afacerea albumul". Audierile vor continua, dar este foarte puţin probabil ca dosarul să poată fi completat înaintea alegerilor din toamnă[1]. Cu atît mai mult cu cît ramificaţiile lui sînt multiple.

Presa romănă continuă să scrie – adesea în mod cît se poate de fantezist – despre această afacere, însă opinia publică nu pare a fi nici pasionată, nici influenţată de şocantele dezvăluiri ale anchetei.

În prima jumătate a lui iulie, participînd la o emisiune de televiziune, preşedintele Constantinescu a fost întrebat de ce nu-i retrage lui Adrian Costea mandatul de ambasador itinerant. Preşedintele nu a răspuns. În schimb, Costea, căruia i sa relatat scena prin telefon, a exclamat, pare-se: „Să îndrăznească!" Şi dl Constantinescu nu a îndrăznit…

Aşadar, dacă justiţia romănă va cere, aşa cum intenţionează, extrădarea lui Adrian Costea, el se va prezenta în faţa anchetatorilor în calitate de ambasador itinerant al preşedintelui ţării!

Neplăcută situaţie…

---

[1] Lucrurile au luat o întorsătură mai simplă: în decembrie 2000, cu numai cîteva zile înainte să-i expire mandatul de ministru al Justiţiei, Valeriu Stoica a închis pur şi simplu dosarul. Deci, ancheta n-a mai putut continua.

# RUSIA-NATO: FALSA PRIETENIE

Cînd, în primăvara anului trecut, Alianţa Atlantică a început ofensiva militară împotriva Iugoslaviei, Rusia – *aparent* condusă încă de Boris Elţîn – şi-a dezlănţuit tot arsenalul de ameninţări, atît de bine cunoscute de pe vremea războiului rece. Dintre toate acestea, una singură a fost pusă în aplicare: aceea de a „îngheţa” relaţiile privilegiate cu NATO. Sîntem îndreptăţiţi să credem că această situaţie a produs un efect extrem de puternic asupra capitalelor occidentale, de vreme ce ele s-au străduit un an întreg – şi au reuşit în cele din urmă – să înduplece Moscova să-şi uite supărarea.

Cu toate acestea, vremurile idilice în care NATO şi Rusia erau „aliaţi” (împotriva cui? e un un punct care nu a fost lămurit niciodată!) au trecut. În primul rînd, Moscova se declară fără ambiguităţi aliata Iugoslaviei şi a Irakului, continuînd, în acelaşi timp, să sprijine eforturile nucleare şi militare ale Iranului. Pe de altă parte, ea stabileşte o alianţă cu China – cealaltă „mare prietenă” a Occidentului – alianţă al cărei scop explicit este tocmai acela de a se opune „hegemoniei” occidentale. India este invitată, cu mari sorţi de izbîndă, să se alăture acestui tandem. (Ne închipuim lesne ce putere înspăimîntătoare ar avea acest grup, însumînd o treime din populaţia lumii!) În sfîrşit, serviciile apusene de contra-spionaj semnalează cu insistenţă o creştere îngrijorătoare a activităţilor clandestine ruse şi chineze, „nu numai în domeniul economic".

În ciuda acestor semnale îngrijorătoare, cancelariile occidentale continuă să privească Rusia cu o indulgentă tandreţe şi să-i judece posibilităţile după criterii exclusiv marxiste, adică economice. (Cu alte cuvinte, se uită în ce mizerie teribilă se zbătea Uniunea Sovietică în 1944-45, cînd a găsit, totuşi, mijloacele să-şi deverse armata peste o jumătate de continent!)

Acum, după ce i-a fost potolită – cu ajutoare substanţiale – furia pricinuită de intervenţia în Iugoslavia, Rusia e din nou furioasă. De data aceasta, din pricina tentativelor americane (avortate, de altfel) de a instala un sistem de apărare anti-misile[1]. Inutil se chinuie de luni de zile responsabilii de la Washington să convingă Moscova că acest sistem *ar fi ineficient în cazul unui atac rusesc!* Kremlinul rămîne supărat.

Recent, însă, Vladimir Putin – omul care, ca toţi predecesorii lui, începînd cu Lenin, stîrneşte entuziasmul inept al apusenilor – a lansat două idei cu care a încurcat tot jocul politic occidental. Întîi, el a declarat că nu este opus perspectivei intrării Rusiei în NATO. Mişcare subtilă (pe care am prevăzut-o în 1991) menită să blocheze spiritele responsabililor politici ai Alianţei şi, eventual, să producă diviziuni. Ceea ce, de altfel, s-a şi întîmplat. Apoi, arătîndu-şi enervarea faţă de proiectul american de sistem anti-misile, şi subliniind eşecul testelor efectuate, el a propus Europei un sistem similar, dar rusesc şi realizat cu ajutorul Statelor Unite. În termeni mai puţin diplomatici, el sugerează că, în materie de apărare nucleară, Europa ar trebui să se pună la cheremul Rusiei.

---

[1] Testele făcute atunci n-au dus la nici un rezultat pozitiv, ceea ce a impus modificarea programului, cu rezultate care nu sînt clar cunoscute nici azi.

Evident, nu i s-a spus „nu". Dimpotrivă, atît Statele Unite cît şi NATO analizează în momentul de faţă „oferta" rusă. Şi, cine ştie, poate nu peste mult, admiterea în NATO a ţărilor est-europene va însemna nu protejarea lor *împotriva* Rusiei, ci *de către* Rusia! Ar fi cea mai teribilă ironie a Istoriei.

10 septembrie 2000

*Editorial*

# DREAPTA ÎMPOTRIVA EI ÎNSĂŞI

În haosul indescriptibil al politicii româneşti, acel segment care este numit, poate cu prea mult entuziasm, „dreapta", şi-a desenat un parcurs dintre cele mai stranii. După şase ani petrecuţi într-o opoziţie sterilă, dreapta a izbutit să ajungă la putere doar mulţumită unui partid de stînga (cel al lui Petre Roman). Îndată după această ispravă, care avea să-i asigure o guvernare neputincioasă, dreapta a pornit o luptă crîncenă împotriva ei însăşi. După patru ani de înverşunare sinucigaşă, din ea n-au mai rămas decît crîmpeie pe care adierile electorale le poartă, bezmetic, în toate părţile.

Convenţia Democrată Română (CDR) şi-a dat sufletul prin plecarea liberalilor, pentru a se reconstitui în ultimul moment – sub numele CDR 2000 – în jurul unui Partid Naţional Ţărănist care nu mai este nici măcar umbra a ceea ce ar fi trebuit să fie. La rîndul său, Partidul Naţional Liberal (PNL) a devenit un spaţiu ambiguu unde eşuează toate epavele stîngii – întîi grupul Babiuc, despărţit de partidul lui Petre Roman, apoi Initiativa Social-Liberală, pînă mai ieri fidelă lui Ion Iliescu, şi, în sfîrşit, candidatul la preşedinţie Theodor Stolojan, căruia i s-a lipit în grabă eticheta liberală după nouă ani de simpatii şi colaborări PDSR-iste.

Aşadar, în lipsă de oameni, dreapta recrutează la stînga şi promovează persoane pe care, acum cîteva luni, le punea la stîlpul infamiei. Rezultatul e pe cît de stupefiant, pe atît de întristător: la 11 ani de la dispariţia lui Ceauşescu, principalii candidaţi la funcţia prezidenţială – printre care şi „oamenii providenţiali” ai dreptei –, sînt: Ion Iliescu, Theodor Stolojan, Mugur Isărescu, Teodor Meleşcanu şi Petre Roman. Cu alte cuvinte, cinci personaje care, înainte de 1989, s-au aflat de aceeaşi parte a baricadei – nu cea bună! –, iar după 1989 au făcut carieră în sau prin FSN şi avatarurile sale.

În timp ce se străduia să se destrame, dreapta, încremenită în ideea susţinerii lui Emil Constantinescu pentru un nou mandat – idee ivită din ciudatul argument „nu avem altul mai bun” –, a refuzat cu obstinaţie săşi caute un alt reprezentant. Dar preşedintele, „scîrbit” şi „învins”, a părăsit cursa în ultimul moment, lăsînd drept moştenire un candidat neprevăzut şi indecis, primul ministru Mugur Isărescu, adoptat la rîndu-i în virtutea acelui „nu avem altul mai bun” ce tinde să devină trista deviză a dreptei. (Un mic exerciţiu de logică ne conduce la concluzia următoare: preşedinte mediocru – a recunoscut-o el însuşi –, Emil Constantinescu era, totuşi, considerat cel mai bun candidat posibil; nici vorbă, pînă nu demult, de Mugur Isărescu; acesta din urmă, după ce a fost „mai puţin bun” decît Constantinescu, devine „cel mai bun”. Scara descendentă a valorilor pare fără sfîrşit!)

Iată, aşadar, cei doi oameni despre care se speră că vor salva dreapta: Theodor Stolojan şi Mugur Isărescu. Ei sînt singurii pe care dreapta i-a găsit apţi pentru a bara o eventuală întoarcere la putere a fostului preşedinte. Ciudat raţionament!

Propus de PNL după încercarea ratată de alianţă cu partidul lui Teodor Meleşcanu, Stolojan provine din înaltele sfere ale fostului partid comunist (ca, de altfel, gruparea Iniţiativa Social-Liberală pe care a adus-o după sine în PNL, în chip de zestre). Prieten cu Petre Roman, ministru în primele guverne de după 1989, el a devenit prim-ministru în noiembrie 1991 şi a rămas în această funcţie vreme de un an. Singura lui acţiune spectaculoasă (dar în rău) a fost „naţionalizarea valutei", adică obligarea depunătorilor în devize să-şi convertească economiile în lei şi, deci, să piardă bani din pricina ratei imense a inflaţiei. Numit la Banca Mondială, el nu a ezitat, în 1996, să-şi întrerupă mandatul pentru a veni în România pe postul de agent electoral al lui Iliescu, pe care a continuat să-l laude pînă cînd, brusc, s-a descoperit liberal.

În ce-l priveşte pe Mugur Isărescu, după studii de economie fără strălucire a fost angajat, în 1971, la Institutul de Economie Mondială, o instituţie de inspiraţie sovietică şi înrudită cu serviciile de spionaj. Un post care, împreună cu legăturile de familie (cumnatul lui a fost ambasador pe vremea lui Ceauşescu), i-a înlesnit intrarea în nomenclatura vremii. La începutul lui 1990, a fost numit într-un post subaltern – dar probabil important într-un plan mai puţin vizibil – la Ambasada României de la Washington. Nouă luni mai tîrziu, era propulsat direct în postul de guvernator al Băncii Naţionale a României. O ascensiune paradoxală după canoanele *fireşti* ale ierarhiei statale. Bilanţul celor nouă ani petrecuţi în această funcţie – căci schimbarea de regim din 1996 nu l-a clintit din post – este mediocru: finanţele României sînt, după cum ştie toată lumea, proaste. În decembrie 1999, Emil Constantinescu l-a numit primminiştru la sugestia (fermă) a lui Ion Iliescu şi Petre Roman. Nici în această funcţie, dl Isărescu nu a depăşit nivelul mediocru pe care i-l cunoşteam.

Acestea sînt, aşadar, speranţele dreptei româneşti. Dincolo, însă, de speranţe, putem avea o certitudine neplăcută: oricare ar fi alesul românilor printre cei cinci candidaţi enumeraţi, va trebui să ne luăm rămas bun de la indispensabila, mult promisa şi niciodată realizata reformă morală. Şi aceasta pur şi simplu pentru că *fiecare* din ei ar trebui să înceapă prin a şi-o aplica lui însuşi. Atunci România ar rămîne fără candidaţi, iar dreapta n-ar mai putea să se anihileze prin „oamenii providenţiali" care, cu inexplicabilă generozitate, i-au fost cedaţi de stînga. E drept că dispariţia tuturor acestor personaje ar face ca România să cunoască primul moment de curăţenie politică de după 1989. Dar să nu visăm! Alegerile vor avea totuşi loc…

# PRIVIRE ÎN HAOSUL LIBERAL

După ce a reuşit, în cadrul Congresului extraordinar, să-l prezinte pe fostul iliescian Theodor Stolojan drept cel mai potrivit candidat liberal la alegerile prezidenţiale, PNL a intrat într-o „zonă de turbulenţe" care, fără îndoială, va sfîrşi prin a-i altera identitatea. Desigur, unanimitatea în jurul d-lui Stolojan e departe de a fi o certitudine şi e foarte posibil ca un număr de membri şi simpatizanţi să profite de singurătatea cabinei de vot pentru a opta în favoarea unui alt nume.

De altfel, nemulţumiţi de hotărîrea partidului, mai mulţi „seniori" liberali, urmaţi de alte personalităţi, printre care actualul ministru de Finanţe, Decebal Traian Remeş, au decis să fondeze Partidul Naţional Liberal-Brătianu (PNL-B) care sa asociat cu CDR 2000 şi îl sprijină pe Mugur Isărescu. Rămîne de văzut dacă această formaţie va reuşi să supravieţuiască.

Unul dintre cei care, deşi deocamdată nu a devenit liberal, se bucură de candidatura lui Theodor Stolojan este Virgil Măgureanu, fostul director al SRI şi actual preşedintel al Partidului Naţional Român (PNR). El a declarat că înscrierea lui Theodor Stolojan – pe care l-a definit drept un „candidat redutabil” – în cursa pentru Cotroceni „este un fapt benefic, deoarece va ridica standardele dezbaterilor electorale”, dar s-a arătat nemulțumit de „egoismul” PNL, care nu a cerut o susținere mai largă pentru acesta. Măgureanu a afirmat că „acest egoism îi va costa pe liberali”.

Pe de altă parte, dorind parcă să sublinieze și mai limpede strania orientare pe care o dă PNL, prim-vicepreședintele partidului, Valeriu Stoica, a declarat că le-a cerut reprezentanților Inițiativei Social-Liberale (ISL), în cursul unei întîlniri la care a fost prezent și Theodor Stolojan, să adere la PNL, fără ca ISL să își înceteze activitatea. „Le-am adresat membrilor ISL invitația să urmeze opțiunea lui Theodor Stolojan și să vină în PNL, fără ca acest lucru să însemne dizolvarea Inițiativei”, a spus Stoica, adăugînd că „e bine” ca ISL să își continue activitatea ca structură importantă a societății civile. Liderul liberal a mai spus că membrilor ISL care vor adera la PNL li se vor acorda „după caz” locuri pe liste parlamentare sau „vor fi folosiți” în executiv, avînd în vedere că Inițiativa are buni specialiști în domeniul economic și al administrației locale. Ceea ce e lesne de înțeles: ISL este un grup constituit la începutul anilor 90 din foști profesori de la Școala de partid „Ștefan Gheorghiu” și foști „analiști” ai serviciilor de spionaj. Deci, oameni cu experiență, oameni de acțiune și, evident, liberali convinși! Cu toate că, pînă nu demult, ei îl susțineau, ca și Theodor Stolojan, pe Ion Iliescu.

De altfel, seria compromisurilor liberale continuă. Ideea unei „cooperări pre- și post-electorale” cu ApR, partidul lui Teodor Meleșcanu, nu a fost abandonată de Valeriu Stoica. De altfel, în această perspectivă, el s-a conformat prompt cererii formulate de ApR: o viitoare alianță este condiționată de recunoașterea eșecurilor actualei guvernări, la care PNL a fost un participant activ. Dl Stoica și-a pus cenușa cerută în cap și toată lumea a fost mulțumită. Pierdut în combinații abracadabrante, Valeriu Stoica s-a arătat dispus, în cazul în

care Mugur Isărescu nu ar candida la preşedinţie, să nego-
cieze cu PDSR menţinerea acestuia în postul de primministru
după alegeri. În ce-l priveşte, dl Stolojan a afirmat că dacă
este ales în fruntea statului, ar putea să-i ceară lui Mugur
Isărescu să rămînă şeful guvernului. Mai mult: şi Stolojan şi
Stoica au afirmat că, în cazul unei victorii a partidului lui Ion
Iliescu, PNL este dispus să participe la guvernare. „Este in-
teresul ţării să nu fie guvernată de un singur partid", a argu-
mentat dl Stolojan. Dar, pe de altă parte, PNL a afirmat că în
turul al doilea al alegerii prezidenţiale va susţine orice can-
didat în afară de Ion Iliescu.

Desigur, între susţinătorii lui Mugur Isărescu şi cei ai lui
Theodor Stolojan au început atacurile, acesta din urmă fiind
acuzat că doreşte să oprească lupta împotriva corupţiei, în
timp ce liberalii îi reproşează actualului prim-ministru că îşi
foloseşte funcţia şi banii publici pentru propria campanie
electorală. Dar, în timp ce vicepreşedintele ţărănist Radu
Sârbu îl acuză pe Theodor Stolojan de a fi sprijinit în secret
de o parte a PDSR (ceea ce, de altfel, e foarte posibil), consi-
lierul prezidenţial Zoe Petre afirmă că CDR 2000 îl va
susţine, în turul al doilea, pe Stolojan contra lui Ion Iliescu.

Toate aceste incoerenţe nu sînt decît un palid rezumat al
haosului care domneşte în viaţa politică românească – unde
ambiţia obţinerii unui fotoliu trece înaintea oricărei logici –,
haos preluat şi amplificat de Partidul liberal cu un sur-
prinzător zel autodestructor.

*Editorial*

# VREMEA CALCULELOR

România ultimelor săptămîni este o ţară în care toată lumea face calcule. Bineînţeles, politicienii sînt cei care, mai mult decît oricine, se arată interesaţi de cifre, procentaje, clasamente, statistici şi alte ingrediente aritmetice indispensabile perioadei pre-electorale. Dar ceea ce e interesant în toată această frenezie este faptul că ea nu duce nicăieri: oricît le-ar analiza şi răsuci pe toate feţele, ei nu izbutesc să ajungă decît mereu la aceleaşi rezultate. Exasperaţi de imposibilitatea în care se află de a modifica regulile elementare ale matematicii, ei se lasă cuprinşi de febra permutărilor. Şi astfel, zi după zi, actualitatea ne aduce veşti – cele mai multe lipsite de orice interes – despre „migrarea" haotică a politicienilor dintr-un partid întraltul, despre înţelegeri mai mult sau mai puţin secrete, despre trădări derizorii şi alianţe sortite eşecului, despre grupări pre sau post-electorale de partide. Cel care s-ar lăsa cuprins de tentaţia contabilizării acestor mişcări (pe care unii le consideră „strategice") ar înnegri inutil zeci de pagini, iar la sfîrşit s-ar afla el însuşi în imposibilitatea de a înţelege ce se întîmplă împrejurul lui.

Logica acestei agitaţii e simplă: din masa pletorică de indivizi care se cred oameni politici, nici unul nu vrea să rămînă în afara „marilor jocuri". Cu alte cuvinte, fiecare îşi doreşte un loc eligibil pe lista electorală a unui partid, indiferent care ar fi acesta. Nici vorbă de vreo convingere ideologică în toată această magmă mişcătoare, nici vorbă de căutarea unei poziţii din care ţara să poată fi servită mai bine! Magnetismul fotoliului este principiul simplu care înlocuieşte orice credinţă. Ce înseamnă pentru aceşti domni viitorul României în comparaţie cu perspectiva plăcută a cărţilor de vizită redactate pompos (şi, de altfel, a sumedeniei de avantaje colaterale)? Mai nimic! Febra alegerilor este o chestiune pur personală. Pentru cei mai mulţi, a fi dregător în România înseamnă, înainte de toate, *a deveni cineva*, şi doar în mod accesoriu *a face ceva*. De 11 ani, tot asta vedem în peisajul politic românesc, şi ăsta este motivul pentru care lucrurile merg aşa cum merg.

În afară de faptul că oamenii rămîn mereu aceiaşi, oricît de radicale s-ar proclama „schimbările", tentaţia de a se întreba cine vor fi dregătorii de mîine ai ţării e destul de mare. Să facem, aşadar, ca toată lumea, unele calcule!...

Cîteva cuvinte, pentru început, despre sondaje. Fireşte, ele sînt contestate cu vehemenţă. Dar, pe de altă parte, *toate* partidele îşi construiesc strategia pornind de la rezultatele lor. Iar cînd mai multe institute obţin, pentru comanditarii cei mai diverşi, rezultate aproape identice, le putem considera drept indicaţii utile – fără, însă, a uita să eliminăm din calcule faptul că electoratul roman este extrem de schimbător.

O remarcă, apoi: partidele – ca şi o bună parte din observatori, de altfel – se concentrează în asemenea măsură asupra alegerilor prezidenţiale, încît le uită aproape pe cele legislative, din care va rezulta, totuşi, viitorul Parlament şi guvernul României.

Sondajele, aşadar, arată că, în cazul alegerilor legislative – de care dreapta s-a ocupat atît de puţin şi atît de prost –, partidul lui Ion Iliescu (PDSR) se apropie de 50%. Redistribuirea procentelor formaţiunilor care nu au atins pragul celor 5% necesari pentru intrarea în Parlament ar putea asigura PDSR-ului majoritatea absolută. Ceea ce ar însemna: Parlament PDSR şi guvern PDSR. S-ar vedea, în acest caz, cît de inutile au fost zvîrcolirile dreptei pentru impunerea unui candidat la prezidenţiale care să-i bareze calea lui Iliescu. Dispunînd de legislativ şi de executiv, Iliescu ar face oricum ce ar vrea. Mai mult, dacă el ar avea subtilitatea politică de a-l lăsa pe Mugur Isărescu în postul de prim-ministru (ceea ce n-ar reprezenta un mare efort, de vreme ce tot el l-a propus în decembrie 1999), atunci jocurile dreptei ar fi date peste cap pentru multă vreme.

În privinţa alegerilor prezidenţiale, lucrurile sînt mai puţin limpezi. Dintre cei şase candidaţi cu rădăcini politice identice (Ion Iliescu, Mugur Isărescu, Theodor Stolojan, Teodor Meleşcanu, Petre Roman, Vadim Tudor), Iliescu e cel care va trece fără nici o îndoială în turul al doilea, cu un avantaj considerabil. E însă aprope imposibil de prevăzut cine, în acest al doilea tur, va fi rivalul lui. După cum nu poate fi anticipată redistribuirea voturilor. E de presupus că marea majoritate a alegătorilor de dreapta vor vota împotriva lui Iliescu. Dar nu vor fi ei tentaţi să se abţină dacă ar avea de ales între Iliescu şi Roman (sau, eventual, Meleşcanu)? Şi nu vor fi ei cuprinşi de perplexitate în faţa alternativei (evocată de vice-preşedintele PDSR) Ion Iliescu-Vadim Tudor[1]? Decizia stupidă a dreptei de a prezenta candidaţi „răpiţi” stîngii nu a terminat să-şi arate dezavantajele!

Totul tinde să arate că, în decembrie, România va avea o putere de stînga. Responsabilitatea îi revine în întregime actualei guvernări, care, timp de patru ani, a refuzat să facă ne-

---

[1] Ceea ce, spre surpriza generală, s-a şi întîmplat, iar „oamenii de bine”, adversarii de moarte ai lui Ion Iliescu s-au repezit să voteze pentru acesta din urmă, salvînd democraţia şi dîndu-şi motive de a se plînge în următorii patru ani.

cesara curăţenie şi a fost incapabilă să-şi asigure o nouă victorie. Dar de ce ne-am îngrijora? Emil Constantinescu repetă mereu că schimbarea puterii nu va avea nici un impact negativ asupra orientărilor politice româneşti, Ion Iliescu a primit asigurări de indulgenţă în Statele Unite, iar Romano Prodi, preşedintele Comisiei Europene, a declarat că instanţele „euro-atlantice" nu sînt îngrijorate decît de partidele de dreapta.

Îmbărbătaţi de atîtea amabilităţi şi ştiind că, oricum, vor cădea mereu în picioare, politicienii îşi continuă calculele. În care orice combinaţie e posibilă, şi din care nu lipsesc decît micile şi marile mizerii ale românilor.

# „RĂZBOIUL STELELOR"
# PRIMUL PAS SPRE ABANDON

Preşedintele Bill Clinton a anunţat că îi va lăsa succesorului său la Casa Albă sarcina de a lua o decizie în privinţa amplasării sistemului naţional de apărare anti-rachete (National Missile Defense – NMD), în prezent nefiind întrunite condiţiile pentru aprobarea desfăşurării acestuia. Candidatul republican la preşedinţie, George W. Bush, susţine amplasarea unui astfel de sistem, mai ambiţios chiar decît cel propus de administraţia Clinton, capabil să protejeze nu numai SUA, ci şi pe aliaţii acestora, în timp ce rivalul său democrat, Al Gore, a vorbit foarte puţin pînă acum despre acest subiect. Cei doi candidaţi şi-au exprimat deja opoziţia faţă de un eventual „declin" al forţelor armate americane, care, conform lui George W. Bush, sînt slab pregătite de luptă.

Sistemul naţional de apărare antirachetă are drept scop doborîrea rachetelor cu rază lungă de acţiune lansate de state cu capacitate „limitată", cum este cazul Coreei de Nord, Iranului sau Irakului.

Amplasarea acestui sistem ar presupune o revizuire a tratatului ABM din 1972, Rusia opunîndu-se categoric oricărei modificări a acestuia, considerat de Kremlin drept unul dintre punctele de bază ale echilibrului strategic Est-Vest.

Capitalele occidentale s-au grăbit să salute anunţul făcut de Bill Clinton.

În schimb, preşedintele Putin a ţinut să sublinieze că între Mosocova şi Washington mai persistă divergenţe cu privire la armamentul nuclear, în ciuda deciziei preşedintelui Clinton. „Cred că această decizie a echilibrat cu grijă dialogul dintre Clinton şi aliaţii săi occidentali. Sper că în luarea acestei decizii s-a ţinut cont şi de poziţia Rusiei", a spus Putin. Oricum, potrivit preşedintelui rus, Clinton a luat această decizie „pentru interesul exclusiv al Statelor Unite".

În cadrul discursului rostit în faţa Consiliului de Securitate al ONU, Putin a declarat că nici o putere nu are dreptul moral să utilizeze forţa militară pentru a rezolva de una singură conflictele mondiale. El a denunţat „hegemonia americană" concretizată în loviturile aeriene ale NATO împotriva Iugoslaviei şi a Irakului. „Organul esenţial al ONU, Consiliul de Securitate, a făcut tot ce i-a stat în putinţă pentru a salva lumea de la o nouă catastrofă militară şi pe oamenii politici de tentaţia utilizării unui avantaj trecător pentru obiective care sînt imorale pentru umanitate", a adăugat Putin.

La rîndul său, adjunctul şefului Statului Major al armatei ruse, generalul Valeri Manilov, a criticat nerespectarea intereselor Rusiei de către Washington. Preşedintele american „salvează aparenţele, lăsînd această decizie în seama viitoarei administraţii, dar, pe de altă parte, el afirmă că decizia va fi luată indiferent de atitudinea Rusiei", a declarat el.

Poziţia lui Bill Clinton în privinţa amplasării sistemului NMD este „constructivă", a apreciat un responsabil cu rang superior în cadrul Ministerului rus al Apărării, generalul Leonid Ivaşov. „Există o speranţă că problemele internaţionale importante care privesc securitatea globală vor fi tratate în mod echilibrat", a spus el.

În ce o priveşte, China a calificat drept „raţională” decizia preşedintelui american de a amîna hotărîrea în privinţa sistemului de apărare antirachetă. Conform unui studiu recent, punerea în aplicare a acestui proiect ar putea încuraja China, care nu deţine în prezent decît 20 de rachete intercontinentale, să-şi sporească arsenalul nuclear, în curs de modernizare.

*Editorial*

# TRIUMFUL „DEMOCRAŢIEI ORIGINALE"

Amintindu-ne de manifestaţiile din decembrie 1989, am putea crede – şi, de altfel, am şi crezut multă vreme – că ele nu erau îndreptate doar împotriva lui Ceauşescu; mai presus de înlăturarea acestui personaj mizerabil şi ruşinos, românii păreau să-şi revendice dreptul la democraţie. Cinci luni mai tîrziu, ei instalau la putere echipa Iliescu-Roman şi un guvern în care îşi făceau apariţia, sub eticheta de „tehnocraţi", o serie de foşti agenţi ai serviciului de spionaj comunist. Un prim pas neliniştitor, care avea să atragă, în străinătate, comentarii acide – dar nu atît împotriva lui Iliescu, cît, fireşte a celor care îi dăduseră puterea.

Regimul astfel instalat prin voinţa românilor (teoria fraudei electorale este extrem de şubredă şi convinge doar pe cei care nu pot explica decît prin ea neputinţele dreptei) a fost lansată cu entuziasm în perioada ce s-a numit atunci – şi se numeşte şi azi – reformă. Reforma durează de aproape 11 ani (chiar dacă, într-o tentativă eşuată de filozofie politică, Emil Constantinescu a încercat să acrediteze conceptul de „post-reformă", aplicabil etapei actuale). Consecinţa ei cea mai vizibilă a fost – şi este – reducerea românilor la un nivel incredibil de mizerie, în timp ce, pe plan psihologic, dispariţia speranţei reprezintă un dezastru incalculabil.

Cu tot atît de mult entuziasm a purces regimul Iliescu şi la inventarea „democraţiei originale”. Un domeniu în care a izbutit atît de bine şi a convins pe atît de mulţi încît, după 1996, nici măcar nu s-a discutat posibilitatea de a se instala o democraţie normală. Desigur, în 1990, a fost acordată libertatea presei (limitată, însă, de controlul de stat asupra producţiei de hîrtie), sau libertatea de a călători (limitată şi ea, imediat, de sărăcia care se instala) . În 1991, o Constituţie proastă a fost plebiscitată de o masă de votanţi lipsiţi de cultură politică şi, deci, incapabili să-i înţeleagă viciile şi lacunele. A apărut un pletoric Parlament bi-cameral, în cadrul căruia Camera deputaţilor şi Senatul au exact aceleaşi atribuţii şi nu fac, prin urmare, decît să se încurce reciproc. S-a evitat definirea clară a puterilor în stat (criza guvernamentală din decembrie 1999 s-a datorat, între altele, faptului că demiterea prim-ministrului este, practic, o procedură imposibil de aplicat); s-a evitat, în special, separarea limpede a acestor puteri.

Pe scurt, a fost creată o pseudo-democraţie. Un surogat care are culoarea, mirosul şi chiar gustul produsului original, dar este, totuşi, altceva. Sistemul din România are *aparenţa* unei democraţii – prin faptul că legea a înfiinţat o serie de instituţii şi de drepturi specifice democraţiei. Dar el nu este o democraţie – prin faptul că aceste instituţii funcţionează şi aceste drepturi sînt aplicate după criterii nedemocratice. (În mod similar, regimul comunist recunoştea prin lege dreptul de a călători; el era însă, după cum ştim, grav limitat de o serie de hotărîri arbitrare.) În mare măsură, democraţia românească de după 1990 e, aşadar, numai formală.

Este, în sine, un lucru grav. Dar mult mai grav pare faptul că aproape nimeni nu denunţă această situaţie. Ne preocupăm să ştim care dintre foştii prieteni ai lui Iliescu a devenit mai liberal în ultimele şase luni, dar uităm că avem o Constituţie şubredă şi un Parlament absurd. Uităm, cu alte cuvinte, că înseşi temeliile a ceea ce am vrea să fie o democraţie sînt neviabile.

Făcînd parcă înadins pentru a agrava aceaste lucruri, politicienii au creat în opinia publică o stare de scîrbă generalizată ce s-a răsfrînt asupra instituţiilor fundamentale ale statului. Nenumărate studii sociologice şi sondaje publicate de-a lungul anilor arată că românii nu au încredere nici în Parlament, nici în justiţie, nici în guvern, nici în partide. Altfel spus, ei nu au încredere în nici unul din elementele structurale ale democraţiei.

Românii au, în schimb, o constantă şi aproape totală încredere în Biserică (90%) şi în armată (85%). Ceea ce nu atestă nici că 90% din ei sînt credincioşi, nici că 85% ar spera că armata îi va scăpa de mizerie, haos şi corupţie. Aceste cifre sînt impresionante – însă în mod negativ. Prin contrast cu neîncrederea în instituţiile democraţiei, ele vădesc absoluta stare de confuzie ce domneşte în România. Dacă am afla că 90% dintre români se încred în Biserică şi, să spunem, 80% în Parlament, atunci n-ar mai fi nimic de comentat. Dar situaţia actuală arată că s-a produs o substituire nefirească între instituţii care, desigur, pot funcţiona într-o anume concordie, dar care, în nici un caz, nu-şi pot lua locul una alteia. O situaţie profund nedemocratică – şi privită ca atare de Occidentalii a căror opinie, aparent, ne interesează atît de mult –, o situaţie care, în alte ţări, a fost premergătoare exceselor de tot felul şi loviturilor de stat. Iar paradoxul vine din faptul că s-a ajuns la această deviere nedemocratică a opiniei publice prin proasta întrebuinţare deliberată a fundamentelor democraţiei.

Românii – şi aceasta este observaţia cea mai surprinzătoare, cea mai îngrijorătoare – îşi arată neîncrederea tocmai faţă de acele instituţii a căror structură depinde, direct sau indirect, de votul lor şi asupra cărora au o posibilitate de control. În schimb, le preferă pe cele care, prin forţa lucrurilor, scapă cu totul voinţei lor. Ei au rămas, deci, în modelul de dinainte de 1989, cel al politicii impuse de unii şi suportate pasiv de ceilalţi, model îmblînzit prin cîteva libertăţi inutilizabile şi cîteva posibilităţi materiale repede transformate în frustrări. Cît despre aspiraţia democratică din decembrie 1989, ea pare să fi fost mai degrabă o iluzie – a lor şi a celor ce-i priveau – transformată de politicieni în slogane care nu mai interesează pe nimeni.

# Despre „Revers"
## RÎNDURI PENTRU ABONAŢI

Peste cîteva săptămîni, „Revers" va împlini un an de existenţă. Un moment în care alcătuirea unui bilanţ, fie el cît de succint, şi examinarea perspectivelor de viitor sînt indispensabile.

„Revers" a pornit la drum cu speranţa de a fi, înainte de toate, o publicaţie *utilă*. Nu mi-am închipuit niciodată că aceste pagini ar putea avea vreun impact electoral, cu atît mai mult cu cît ştiu că românii din străinătate votează în număr foarte mic (la alegerile din 1996, în legătură cu care se poate vorbi despre o importantă mobilizare, *în întreaga lume au votat mai puţin de 50 de mii de persoane!*). Chiar dacă o publicaţie a exilului poate contribui la cristalizarea unor opinii, aceste opinii, prea puţin numeroase, nu modifică în nici un fel rezultatele alegerilor. A crede că ziarele pe care le edităm în exil izbutesc să influenţeze jocurile politice din România sau opţiunile alegătorilor este pur şi simplu prezumţios.

Cu atît mai mult mi-au lăsat un gust amar comentariile unor grupuri pariziene – repede răspîndite, ca orice idee răuvoitoare – potrivit cărora „Revers" nu ar fi apărut decît dintr-o dorinţă de răzbunare pentru faptul că actuala guvernare nu m-a numit ambasador la Paris. Răspunsul la acest zvon e simplu. În 23 de ani de exil, am încercat, după posibilităţile mele, să-mi fac datoria faţă de România. Nimic mai mult. De aceea, nici nu am *aşteptat*, nici nu am *cerut* vreo răsplată. Şi nici nu mi-am prezentat candidatura pentru vreo funcţie. Cînd a fost făcută propunerea numirii mele – propunere care, de altfel şi pentru motive evidente, nu avea sorţi de izbîndă – am spus că singurul lucru care mă interesa era nu o poziţie socială sau politică vremelnică, ci posibilitatea de a face ceva pentru România şi pentru imaginea ei atît de compromisă. S-a ales altă soluţie, care ilustrează politica *schimbării prin continuitate* pe care a practicat-o sistematic actualul regim. În ce mă priveşte, privind lista ambasadorilor numiţi de dl Constantinescu, nu numai că nu pot avea nici un gînd de răzbunare, dar sînt chiar *recunoscător* pentru faptul că numele meu a fost lăsat în afara ei!

„Revers" n-a avut altă ambiţie decît să informeze. Iar dacă actualitatea românească ia, deseori, accente dramatice, n-am putut face altceva decît să o redăm şi să o comentăm aşa cum este ea, fără a încerca să o înfrumuseţăm în mod inutil. Cîţiva cititori au sugerat că „Revers" ar practica pesimismul. Dar a scrie, de pildă, că România este bîntuită de epidemii specifice lumii a treia, sau că zeci de oraşe trăiesc fără apă caldă nu înseamnă a fi pesimist! Este vorba de *informaţii*, de fapte dramatice şi nu de opinii. A nu publica veşti de acest fel – care îşi au însemnătatea lor în peisajul politic şi social al ţării – ar însemna că ne minţim cu bună ştiinţă numai pentru a ne feri de o realitate care ne este neplăcută. „Revers" a căutat mereu *să nu fie* ceea ce erau „gazetele de perete" din anii 50, cu „fruntaşii" lor imaginari. De ce am scrie că ultimii patru ani au reprezentat o succesiune de izbînzi, cînd însuşi Emil Constantinescu a declarat că şi-a ratat mandatul?!

În legătură cu aceasta, este interesant de constatat că nu cititorii din România – care trăiesc zi de zi „binefacerile" tranziţiei – consideră că „Revers" ar fi pesimist. Ei îl fotocopiază şi îl răspîndesc, ceea ce reprezintă cea mai formidabilă recunoaştere la care puteam spera. A accepta să fim informaţi în legătură cu suferinţele lor e cel mai mic sacrificiu psihologic pe care îl putem face în numele solidarităţii cu ei! Cum oare i-am putea ajuta fără să le cunoaştem durerile? A scrie, numai pentru a ne face plăcere, despre copiii care cîştigă olimpiadele de matematică (eternul exemplu!) este inacceptabil pentru un jurnalist, atîta vreme cît zeci de mii de alţi copii mor de foame în orfelinate, se droghează în canalele Bucureştiului, sau sînt vînduţi pentru cîţiva dolari proxeneţilor din Kosovo!

„Revers" nu constituie, probabil, o lectură plăcută, şi aceasta pentru că ţara de care se ocupă, România, se află într-o situaţie pe cît de grea pe atît de tulbure. Nu am căutat să public o revistă de divertisment şi, pe de altă parte, dacă în România ar curge lapte şi miere pe străzi „Revers" – şi multe alte publicaţii, de altfel – nu ar avea nici un motiv să existe. A cunoaşte adevărul, oricît de neplăcut este el, e o primă formă a angajamentului şi o componentă a patriotismului. Pe Ceauşescu nu l-am combătut scriind despre copiii care cîştigau – şi pe vremea lui – olimpiadele de matematică!

Iată, aşadar, bilanţul redacţional. Rămîne celălalt, financiar, despre care nu vorbeşte nimeni niciodată.

Pînă la acest număr, „Revers" a acumulat abonamente în valoare de 82 000[1] F . Cheltuielile legate de publicarea lui s-au ridicat la 96 000[2] F . Strîngerea informaţiilor, redactarea articolelor, dactilografierea textelor trimise de colaboratori, punerea în pagină, transportul către şi dinspre tipografie, pregătirea plicurilor, expediţia – toate acestea sînt operaţii care, în medie, reprezintă mai mult de 8 ore de lucru pe zi. Astfel, orice altă activitate remunerată devine imposibilă. Deşi s-a făcut totul pentru a reduce la strictul necesar chel

---

[1] 12 500 euros.
[2] 14 635 euros.

tuielile, „Revers" este deficitar şi, odată cu el, cel care şi-a asumat sarcina de a-l publica.

Cu toate acestea, „Revers" nu este un eşec. Situaţia în care se află dovedeşte doar faptul că prea puţini români din străinătate sînt cu adevărat interesaţi de ceea ce se întîmplă în ţară. De altfel, aşa cum am mai scris, am fost impresionat de numărul mesajelor în care era mărturisită pierderea interesului sau a speranţelor în legătură cu actualitatea românească şi cu evoluţiile viitoare ale ţării. Extrem de slaba participare la vot a exilaţilor sau emigranţilor români confirmă acest dezinteres. Nici chiar activităţile culturale – de pildă cele organizate de Casa Românească din Paris – nu izbutesc să atragă mai mult de cîteva zeci de persoane!

În absenţa oricărei surse de venituri pentru cei care se ocupă de această publicaţie şi în imposibilitatea de a găsi un mijloc de finanţare care să permită o *totală* libertate redacţională, „Revers" trebuie să-şi suspende apariţia. Aceasta nu înseamnă nici moartea revistei, nici abandonarea ideilor care au animat-o. După experienţa primului an, nu este vorba decît de o pauză, în cursul căreia vom căuta soluţiile acceptabile care să permită atît supravieţuirea revistei, cît şi a celor care se ocupă de publicarea ei. Soluţii indispensabile după 23 de ani de implicare *benevolă* în diverse cauze româneşti…

Aflîndu-ne în plină perioadă electorală, „Revers" îşi va continua, evident, apariţia pînă la anunţarea rezultatelor celui de-al doilea tur al alegerilor din România. Cecurile primite pentru înnoirea abonamentelor – profit de această ocazie spre a mulţumi expeditorilor – vor fi înnapoiate. Persoanele care s-au abonat în cursul anului vor fi rambursate pentru numerele pe care nu le vor fi primit.

Această hotărîre nu a fost uşor de luat. Nădăjduiesc, însă, că aceia care mi-au acordat încrederea lor îmi vor acorda, de data aceasta, înţelegerea lor.

# Germania
# ARHIVELE STASI

Joachim Gauck, cel care a primit de la guvernul german misiunea de a se ocupa de arhivele poliţiei secrete din fosta RDG, „a predat ştafeta" după ce, timp de zece ani, a vegheat asupra dosarelor „arzătoare", care nu au cruţat pe nimeni, nici chiar pe fostul cancelar Helmut Kohl.

Pastorul Joachim Gauck este un fost disident din Republica Democrată Germană (RDG). Încă din momentul în care a ajuns preşedinte al comisiei pentru dizolvarea poliţiei secrete (STASI), în 1990, el şi-a luat angajamentul că va face tot posibilul pentru a fi adoptată o lege privitoare la dreptul de consultare a acestor arhive. Pe data de 4 octombrie [1990], în aceeaşi zi în care s-a realizat reunificarea Germaniei, Gauck a fost numit în fruntea unei noi administraţii care urma să se ocupe de o moştenire grea, ce măsura 180 de kilometri de dosare ale STASI, constînd, în primul rînd, în rapoarte şi procese-verbale după înregistrări ale convorbirilor telefonice.

„Comisia Gauck" funcţionează cu 2 700 de colaboratori şi beneficiază de un buget anual în valoare de 100 de milioane de euro. În 1992, odată cu intrarea în vigoare a legii privind dosarele STASI, arhivele au putut fi consultate de persoane particulare, istorici sau jurnalişti[1].

În opt ani, Comisia a înregistrat 4,7 milioane de cereri. Orice persoană care a fost urmărită de STASI putea astfel să-şi consulte propriul dosar şi să descopere că a fost spionat de prieteni, vecini, membri ai familiei sau colegi. Mai mult de jumătate dintre cereri au fost înaintate, din motive profesionale, de către administraţii sau întreprinderi care doreau să ştie dacă angajaţii lor au fost „agenţi neoficiali" ai STASI.

Datorită colaborării, adesea forţate, a celor 500 000 de informatori (între care 20-30% erau vest-germani), redutabila poliţie secretă din RDG a supravegheat şi spionat o populaţie de 16 milioane de locuitori, a alcătuit şase milioane de dosare pentru aproximativ patru milioane de cetăţeni estgermani şi două milioane de vest-germani şi a strîns peste 35,6 de milioane de fişe, 100 000 de fotografii şi documente audio.

Prin activitatea sa, „Comisia Gauck" a pus în discuţie numeroşi oameni politici din fosta RDG. În 1992, şeful executivului regional din landul Brandeburg, social-democratul Manfred Stolpe, a fost nevoit să demisioneze, deoarece Comisia a dezvăluit legăturile sale cu STASI.

Ceva mai tîrziu, liderul Partidului comunist reformat (PSD), Gregor Gyzi, a fost anchetat de o comisie parlamentară în urma apariţiei unui raport al „Comisiei Gauck" privind colaborarea sa cu poliţia secretă din RDG. Fost avocat al disidenţilor est-germani, Gyzi a fost atunci acuzat că a furnizat STASI documente despre clienţii săi.

Anul acesta [2000], astfel de dezvăluiri l-au pus în discuţie chiar pe Helmut Kohl, cancelarul reunificării şi preşedinte al Uniunii CreştinDemocrate (CDU) timp de un sfert de secol. Acestea par să confirme implicarea lui în fi-

---

[1] Comparaţia cu posibilităţile de care dispune CNSAS este tristă. Tot atît de trist este şi faptul că descoperirile pe care le face CNSAS în groapa de gunoi a dosarelor nu au decît un impact mărunt şi, în general, temporar.

nanţarea pe căi oculte a CDU. În luna aprilie, presa a publicat extrase din înregistrări ale unor convorbiri efectuate la telefoanele Cancelariei. În plus, Helmut Kohl şi-a agravat situaţia ameninţînd că va depune plîngere în justiţie, încercînd astfel să împiedice publicarea a peste 9 000 de pagini de procese-verbale ale înregistrărilor convorbirilor telefonice.

Joachim Gauck i-a ţinut piept lui Helmut Kohl, care solicita ca dosarele care îl privesc să nu fie divulgate presei, invocînd faptul că ascultările efectuate ilegal nu au valoare juridică. Cu toate acestea, în realitate accesul jurnaliştilor la arhive este limitat la cereri foarte precise. Ministerul de Interne din Bavaria a dezvăluit că fostul cancelar a ordonat, încă din 1990, distrugerea anumitor dosare în care era vorba despre oameni politici vest-germani.

Joachim Gauck a predat gestiunea arhivelor fostei militante pentru drepturile civice în RDG, Marianne Birthler, exprimîndu-şi, cu această ocazie, satisfacţia pentru faptul că, în perioada în care s-a aflat la conducerea ei, Comisia a avut o activitate benefică. Gauck nu a exclus posibilitatea de a intra în politică, alimentînd astfel zvonurile conform cărora ambiţiile sale s-ar îndrepta către preşedinţia Republicii[2].

---

[2] Ceea ce s-a şi întîmplat în 2012, cînd Joachim Gauck a fost ales preşedinte federal al Germaniei.

## Putin-Soljeniţîn
# O APROPIERE CIUDATĂ

Preşedintele rus, Vladimir Putin, fost agent KGB şi fost şef al serviciilor secrete ruse (FSB), i-a făcut o vizită scriitorului rus şi fostului disident Aleksandr Soljeniţîn. Vladimir Putin şi soţia sa, Liudmila, au fost primiţi de scriitor şi de soţia acestuia, Natalia, la domiciliul lor, situat într-un cartier rezidenţial de la periferia Moscovei, potrivit primelor imagini difuzate de televiziune.

Aleksandr Soljeniţîn, laureat al Premiului Nobel pentru Pace în 1970, l-a criticat în mai multe rînduri pe preşedintele Putin, reproşîndu-i că nu a făcut nimic pentru a scoate Rusia din starea de „ruină" în care a ajuns. De asemenea, Soljeniţîn la criticat pe preşedinte pentru că a semnat un decret, pe care l-a calificat drept „ruşinos", prin care i-a acordat imunitate fostului preşedinte Boris Elţîn. Într-un interviu acordat săptămînalului *Moskovskie Novosti* în luna mai, el a subliniat că nu doar Elţîn trebuie să răspundă în faţa justiţiei pentru actele sale, ci şi „oligarhii" şi toţi cei care s-au îmbogăţit ilegal în Rusia post-comunistă.

Neaşteptata apropiere dintre cei doi a fost confirmată de Soljeniţîn, care, în cadrul unei emisiuni de televiziune, a făcut elogiul preşedintelui rus. „Vladimir Putin are spiritul viu, înţelege repede şi nu este condus de o sete personală de putere. Trebuie să subliniez extraordinara sa prudenţă şi judecata echilibrată", a declarat Soljeniţîn. Cei doi au găsit puncte comune în denunţarea ruinei economice şi morale a ţării, a rolului dominant al NATO şi al americanilor în lume şi în deplîngerea puterii pierdute a Rusiei. Ei sînt de acord şi în privinţa modalităţii de restaurare a prestigiului pierdut al ţării, prin întărirea puterii centrale şi a unităţii Rusiei (Soljeniţîn susţine războiul din Cecenia) şi prin încurajarea renaşterii spirituale, cu sprijinul Bisericii Ortodoxe.

„Faptul că unul dintre ei a făcut parte din KGB, iar celălalt a fost disident nu reprezintă un obstacol. Ei nu trăiesc în trecut şi au multe de discutat", a comentat un consilier prezidenţial, politologul Gleb Pavlovski. „Nu cred, totuşi, că Putin îl va face pe Soljeniţîn «părintele său spiritual» şi mentorul său", a declarat Pavlovski. Chiar dacă o parte a populaţiei vede încă în el un simbol al luptei pentru libertate, Soljeniţîn este o personalitate izolată în Rusia, unde ideile sale politice nu au un prea mare ecou.

Apropierea sa de Putin a mărit distanţa care îl separă de foştii disidenţi. „Este o oroare. E de necrezut că Soljeniţîn a acceptat un asemenea lucru", a apreciat Viktor Ţiadko, unul dintre membrii Fondului Soljeniţîn de ajutor pentru prizonierii politici din anii '70 şi '80.

„Avînd cel mai mare respect pentru Soljeniţîn şi cea mai proastă părere despre Putin, nu reuşesc să-mi explic această întîlnire. Este necesar să ştim ce au discutat", a observat la rîndul său Aleksandr Podrabinek, un disident din anii '70.

15 octombrie 2000

*Editorial*

# CAMPANIA TUTUROR CONFUZIILOR

Orice adevărat observator al realităţilor româneşti ar trebui să-şi agaţe deasupra mesei de lucru, astfel încît să-l poată vedea în fiece clipă, versul lui Bacovia: „0, ţară tristă şi plină de humor!" Puţine alte formule descriu la fel de bine şi de *durabil* starea României, puţine altele pot lumina în chip atît de util pe cel care încearcă să înţeleagă această stare. Şi poate că aceste cuvinte ar fi cea mai sugestivă emblemă pentru campania electorală ce tocmai a început.

După o vară de-a lungul căreia s-au înmulţit pînă la plictiseală disputele presărate cu invective şi acuzaţii mai mult sau mai puţin credibile, campania începe surprinzător de timid, într-o atmosferă de marasm generalizat. Drasticele măsuri împotriva corupţiei anunţate de preşedintele Constantinescu în discursul său de abandon din luna iulie nu s-au concretizat în nici un fel; realitatea infirmă zi după zi previziunile optimiste pe care le făcea în iarna trecută Mugur Isărescu; inflaţia creşte mult dincolo de limitele prevăzute; nivelul de trai scade; investitorii străini nu-şi mai riscă banii în România.

Fireşte, campania electorală nu poate fi decît pe măsura situaţiei politice, economice şi sociale în care se află ţara. O campanie tristă, străbătută de accente de umor, uneori negru şi aproape totdeauna involuntar.

Încurajaţi de sondajele care le sînt unanim favorabile, Ion Iliescu şi partidul său răspîndesc cu generozitate promisiuni pe care, în caz de victorie, nu le vor respecta. Toată lumea ştie acest lucru şi totuşi, oricît ar părea de straniu, peste 40% din alegători – uitînd experienţa anilor 1990-1996 – sînt decişi să le acorde din nou încrederea lor. (Nu este oare această opţiune, în aceeaşi măsură *socială* şi *politică*, echivalentul atitudinii faţă de noii miliardari despre care toţi ştiu că şi-au cîştigat averile în mod necinstit, dar pe care mulţi îi invidiază totuşi?) După patru ani de guvernare ineficientă, partidele actualei puteri sînt destul de uzate pentru a nu avea ce să opună demagogiei dezlănţuite de PDSR.

În ce-l priveşte pe proaspăt descoperitul liberal Mugur Isărescu, obsedat de eticheta de „independent" – care, dacă ar cîştiga, i-ar permite să guverneze cu o majoritate PDSR fără să fie torturat de probleme de conştiinţă –, el se află într-o situaţie delicată. Rezultatele celor zece luni pe care le-a petrecut în fruntea guvernului sînt departe de a putea produce o oarecare euforie. Aşadar, îi va fi greu să convingă alegătorii angajîndu-se pur şi simplu să continue ce a început. Dar, pe de altă parte, nici nu poate promite o altă politică, mai bună, pentru că atunci va fi, în mod legitim, întrebat de ce nu a aplicat-o şi pînă acum. Rămîne de văzut, de altfel, dacă dl Isărescu chiar doreşte să devină preşedinte, sau dacă, făcînd în mod deliberat o campanie neconvingătoare, îşi pregăteşte un viitor mai discret (dar mai sigur) sub o eventuală guvernare Iliescu-PDSR...

Celălalt liberal de ultimă oră, Theodor Stolojan, şi-a început campania cu slogane care subliniază întîietatea economiei asupra politicii şi al căror caracter marxizant nu poate scăpa observatorului. Ceea ce, în mod normal, ar trebui să fie pentru el un handicap – şi anume anul cînd i-a fost prim-ministru lui Ion Iliescu –, riscă să devină avantaj în perspectiva colaborării guvernamentale dintre PNL şi PDSR anunţată de primvicepreşedentele liberal Valeriu Stoica. De altfel, faptul că dl Stoica a declarat că orice atitudine anti-comunistă ţine de domeniul trecutului (după cum Emil Constantinescu a respins, ca depăşit, Punctul 8 al Declaraţiei de la Timişoara…) poate prevesti tot soiul de compromisuri. Cînd, însă, se revoltă împotriva anti-comuniştilor, dl Stoica uită că tinerii care vor vota anul acesta pentru prima oară aveau între 8 şi 11 ani în momentul căderii lui Ceauşescu, că ei sînt cei care, măcar din punct de vedere psihologic, suferă cel mai mult de pe urma precarităţii economice din România şi că, în consecinţă, lipsindu-le anumite referinţe limpezi asupra regimului comunist, ei pot deveni o pradă uşoară a demagogiei lui Ion Iliescu.

Nici Petre Roman nu pare dezgustat de ideea unei viitoare colaborări guvernamentale cu PDSR. Campania lui – pusă sub semnul sloganului ridicol-atletic „El poate!" – e menită nu atît să-l conducă spre o improbabilă victorie, cît să-i asigure în continuare rolul de aliat indispensabil al unei majorităţi neclare. E un joc abil, în spatele căruia putem bănui vechi sfetnici.

Pornindu-se de la amalgamul între dreapta şi stînga, de la faptul că dreapta n-a fost în măsură să prezinte candidaţi proprii, fiind silită să-i recruteze *in extremis* din zona de influenţă a stîngii, de la uşurinţa cu care mai toate partidele îşi trîmbiţează pofta de a colabora cu PDSR, s-a ajuns la situaţia absurdă în care acest succedaneu comunist apare ca *frecventabil*, dacă nu chiar *onorabil*. În România de azi nu pare să mai existe decît un singur personaj care trebuie evitat: Ion Iliescu. Cu toţi ceilalţi – fie ei şi subalternii lui Iliescu, foşti activişti, securişti, spioni, sau cine mai ştie ce – „se poate discuta"! De parcă singurul lucru care s-ar urmări în România ar fi instaurarea unei confuzii totale şi definitive. (Şi fiindcă tot este vorba de confuzie – căci referirile la morală nu mai au nici un rost – nu e inutil să amintim vehemenţa cu care era condamnat, acum patru ani, sprijinul electoral pe care partidul lui Vadim Tudor i-l acorda lui Iliescu; şi să comparăm această vehemenţă cu tăcerea pudică în care s-au închis vremelnicii intransigenţi de ieri după ce acelaşi Vadim Tudor a anunţat că simpatizanţii săi vor vota la al doilea tur cu Mugur Isărescu.)

Nu ne mai rămîne, aşadar, decît să aşteptăm binemeritata ieşire la pensie a lui Ion Iliescu pentru ca în România totul să fie bine şi domnii politicieni să se poată scălda în toate mocirlele.

24 decembrie 2000

Editorial

# TRECUTUL INELUCTABIL

Ce alte sentimente, în afară de uimire, întristare sau revoltă, poate stîrni rezultatul alegerilor din România? Iar viitorul – ce pare a nu mai izbuti să fie decît o permanentă repetare a trecutului –, cum poate fi privit altfel decît cu îngrijorare?

În 1990, sloganele urlate pe străzi de către mulţimea rătăcită în neştiinţă şi neînţelegere, incapabilă să-şi manifeste altfel prospăt dobîndita libertate, prefigurau evoluţii incontrolabile. „Moarte intelectualilor!" cereau manifestanţii. „Noi muncim, nu gîndim" proclamau ei, plini de mîndrie. „Nu ne vindem ţara!" scandau alţii, fără săşi dea seama că nu mai era mare lucru de vîndut. Iar deasupra acestor abjecţii, izvorîte direct din amintirile „revoluţionare" ale acoliţilor lui Ion Iliescu, se ridica cererea generală: „Vrem linişte!" De parcă nu tocmai ieşisem dintr-un regim care instalase în România o linişte de moarte. De parcă liniştea ar fi fost cea care ar fi putut să repună ţara pe picioare. Dar masa atît voia: linişte. Tulburătoare lipsă de ambiţii!

Am reuşit oare, în 11 ani, să ne îndepărtăm de oroarea sterilă a acelor manifestaţii? Rezultatul alegerilor ne arată că

237

nu. Atunci, în 1990, comuniştii care preluaseră puterea de la foştii lor stăpîni comunişti au izbutit să provoace o ruptură socială, să creeze o nouă luptă de clasă, iar astăzi trăim în continuitatea acestei stări de anomalie. Alegerile din noiembrie şi decembrie 2000 s-au desfăşurat în spiritul manifestaţiilor din primăvara lui 1990. Societatea românească nu a evoluat, ci dimpotrivă. Ea nu a dobîndit coeziunea care i-ar fi fost atît de necesară, ci s-a dezbinat şi mai mult.

Cele cinci decenii de regim comunist au îmbolnăvit societatea inoculîndu-i ura şi frica, gustul trădării şi dispreţul valorii. Regimul Iliescu, instalat în 1989 – şi, indiferent de piruetele lui europene şi socialdemocrate, Petre Roman nu poate fi disociat de acţiunea prietenilor lui de atunci –, a speculat slăbiciunile societăţii, statornicind la nivelele ei cele mai joase (dar semnificative numeric) un stîngism primitiv care se reflectă în opţiunile electorale şi contrazice dramatic mitul unei Românii unanim anticomuniste.

Doi oameni au înţeles starea de spirit a masei şi au profitat de ea: primul este Ion Iliescu, care îşi modulează discursul în limitele unei inacţiuni dominate de paternalismul statal de tip comunist;  al doilea este Corneliu Vadim Tudor, care a pus stăpînire pe acel segment al electoratului în care predomină violenţele primitive şi mitocănia vindicativă. Ambii provin din aparatul vechiului partid comunist, iar după 1990 nu au încetat niciodată să se sprijine reciproc, pe faţă sau nu.

Iliescu nu a făcut practic nici un fel de campanie electorală. Vadim Tudor, dimpotrivă, a debitat inepţii despre o Românie condusă cu mitraliera. Aceste două „strategii" sînt cele care au convins alegătorii. Neliniştitor!

Mulţi ziarişti l-au poreclit pe Vadim Tudor „măscăriciul naţional". Ar fi fost bine dacă era numai atît! El reprezintă însă un real un pericol prin faptul că e permanent dispus să se lase utilizat în cadrul celor mai sinistre manipulări; un pericol, de asemeni, prin masa de simpatizanţi care aderă la ideile lui groteşti. Că *trei milioane de alegători* au putut să vadă în el un om de stat şi să-i acorde voturile lor este un semn cît se poate de prost care se înscrie, împingînd-o pînă la absurd, în mentalitatea manifestaţiilor din 1990. Mai grav: nu puţini sînt aceia care consideră că Vadim Tudor este singurul om capabil să reia politica lui Ceauşescu! Iar printre ei mulţi sînt tineri. România e mult mai departe decît ne închipuiam de însănătoşirea pe care o sperăm de 11 ani!

În ce-i priveşte pe noii guvernanţi, Ion Iliescu şi PDSR, acţiunea lor între 1990 şi 1996, iar apoi, după 1996, opoziţia sistematic distructivă la care s-au dedat, nu justificau în nici un fel revenirea lor la putere. Ei nu au cîştigat alegerile pentru că ar avea cine ştie ce merite, sau pentru că ar fi propus vreun program entuziasmant, ci doar pentru că ocîrmuirea Constantinescu-CDR nu a izbutit decît să piardă.

Neîmplinirile ultimilor patru ani, compromisurile, cedările – toate acestea, pe fondul unei „sensibilităţi populare" predominant de stînga – au creat premisele succesului lui Iliescu şi al partidului lui. Convenţia Democrată a uitat sistematic faptul că, în 1996, nu a obţinut nici 40% din voturi şi că, după o guvernare cel puţin neinspirată, nici măcar un miracol nu ar fi putut-o ajuta să obţină un scor mai bun. De altfel, în 2000, Convenţia Democrată nici măcar nu mai poate afirma că există, iar resturile ei şubrezite au găsit de cuviinţă să prezinte un candidat care n-a izbutit să convingă aproape pe nimeni.

Emil Constantinescu şi „strategii" care l-au inconjurat, împreună cu prea puţin abilii politicieni din CDR, i-au redeschis lui Iliescu porţile puterii. Dar mult mai grav este faptul că ei au reuşit să compromită însăşi ideea politică de la care se revendicau. Dreapta românească a fost aruncată de ei într-o agonie din care nu-i va fi uşor să iasă. Putem oare spera că înfrîngerea usturătoare pe care au cunoscut-o le va servi de lecţie, că ea îi va convinge să-şi depăşească, atunci cînd este vorba despre interesul ţării, micile meschinării şi ambiţii personale? Deocamdată, nimic nu pare a o dovedi. Certurile, intrigile şi sforăriile continuă ca şi cum nimic nu s-ar fi întîmplat, ca şi cum aceşti domni nu s-ar fi pus singuri în situaţia dramatică de a fi trebuit să-l voteze pe Ion Iliescu în lipsa unei alte soluţii. Rămîne – inutilă, dar nu lipsită de interes – întrebarea: s-o fi petrecut ceva în conştiinţa lor, pe 10 decembrie, cînd au depus în urne buletinele de vot cu numele duşmanului dintotdeauna?

# FABRICAREA SPERIETORII VADIM

Cine îşi mai aminteşte mizerabilele producţii versificate (decenţa împiedică folosirea cuvîntului poezii) pe care Corneliu Vadim Tudor le „închina" cuplului Ceauşescu? Cine îşi mai aminteşte faptul că actualul „tribun" şi-a început cariera ca trepăduş al lui Eugen Barbu (cel căruia trepăduşii i se adresau cu „Săru' mîna, boierule!"), profitor absolut al regimului comunist, tartor cînd se ivea posibilitatea şi plagiator cînd nu avea timp să scrie singur? Cine îşi mai aminteşte articolele fulminante din *Săptămîna*, în care cel care se crede azi năpăstuit de presă ataca jurnaliştii de la *Europa Liberă*?

Presa din ţară a mai scris şi alte lucruri despre el – pe care nu şi le poate aminti aproape nimeni pentru că, prin forţa lucrurilor, erau „confidenţiale". Beţii cu Nicu Ceauşescu, denunţuri la Securitate, trafic cu casete video aduse din străinătate…

Iată omul! Înainte de 1989, el n-a fost în stare să ajungă nici măcar la mizeria gălăgioasă a unui Adrian Păunescu. După 1990, s-a făcut din el ceea ce Păunescu nu mai putea fi: un generator de scandal şi de confuzii.

Fabricat, înainte de 1989, pentru nevoile Securităţii, C. V. Tudor a fost re-fabricat, după căderea lui Ceauşescu, pentru nevoile ocîrmuirii de atunci. Oare apariţia revistei *România Mare* nu a fost finanţată de tandemul Iliescu-Roman în urma promisiunii făcute de Eugen Barbu şi Vadim Tudor că aveau „să se ocupe" de ţărănişti şi liberali? Înjurat pe toate drumurile, Vadim Tudor poate avea măcar satisfacţia de a fi reuşit totdeauna să fie *util* cuiva. Numai că – şi aici se dezvăluie calitatea îndoielnică a personajului – şi-a alest totdeauna prost utilizatorii.

Desigur, Vadim Tudor a luat bani de la Iliescu şi, după 1992, a fost asociat cu el la guvernarea ţării, ceea ce i-a conferit un statut mult mai important decît cel pe care îl merită. Dar nenorocirea este că *toată lumea* a contribuit cîte puţin la fabricarea lui. În calitate de recuperator, el şi-a adjudecat (şi a pervertit) o seamă de idei – începînd cu cele despre naţiune – pe care elita intelectuală, grăbită să se înscrie în canoanele impuse de bine-gînditorii occidentali, le abandonase stingherită. Dacă în discursul public nu ar fi apărut aceste goluri, Vadim nu ar fi avut unde să-şi plaseze „marfa" şi ar fi rămas un marginal. De asemeni, dacă acţiunea guvernelor ar fi mers în sensul aşteptărilor masei, el n-ar mai fi putut să facă promisiuni care măgulesc auzul celor mulţi. Şi, în sfîrşit, dacă nu s-ar fi îngăduit, vreme de 11 ani, ca ţara să fie prădată de un număr mereu în creştere de escroci, angajamentul lui de a „guverna cu mitraliera" ar fi rămas fără nici un ecou.

Dincolo, însă, de toate acestea, evoluţia din ultimele luni a lui Vadim Tudor şi a partidului său merită să fie privită mai de aproape. Alegerile locale din primăvară sau soldat, pentru România Mare, cu un scor mai mult decît mediocru (sub 6%). La începutul lui septembrie, sondajele nu creditau nici partidul nici pe şeful său cu mai mult de 5% din intenţiile de vot. În mod paradoxal, exact acela a fost momentul ales de

Adrian Năstase pentru a face o profeţie ce putea părea ineptă, date fiind anchetele de opinie. El era convins că turul al doilea al alegerilor prezidenţiale avea să-i opună pe Ion Iliescu şi pe Corneliu Vadim Tudor! Dar cum putea dl Năstase, oricît de clarvăzător ar fi el, să anticipeze o evoluţie atît de spectaculoasă? Un singur răspuns este posibil: după cum Vadim însuşi este un „produs" fabricat, tot aşa şi succesul lui electoral a fost fabricat.

Afirmaţia lui Adrian Năstase pare a fi servit drept catalizator. În sondaje – indiferent de institutul care le realiza sau de identitatea clientului – cota de popularitate a lui Vadim Tudor n-a încetat să crească imediat după ce actualul primministru i-a „intuit" prezenţa în turul al doilea. Şi aceasta în ciuda declaraţiilor şi promisiunilor mai degrabă repulsive pe care le făceau PRMiştii şi şeful lor. Am fi putut crede că autorii sondajelor se înşelau, într-atît această ascensiune era spectaculoasă. Dar rezultatele primului tur le-au confirmat cu prisosinţă: atît Vadim Tudor cît şi România Mare se situau pe un foarte confortabil loc doi la alegerile prezidenţiale şi legislative.

Cum se explică toate aceste succese pe cît de rapide, pe atît de neaşteptate? Diverse surse autorizate din România – printre care trebuie numărat şi ambasadorul unei importante puteri occidentale – formulează, pe baza datelor acumulate, un răspuns la această întrebare. Partidul lui Ion Iliescu, ale cărui structuri teritoriale sînt bine organizate şi disciplinate, ar fi cerut unora dintre militanţii săi să se declare favorabili lui Vadim Tudor în cadrul sondajelor de după luna septembrie şi chiar să voteze în favoarea acestuia. În felul acesta, li s-a explicat, Iliescu ar avea un adversar uşor de învins în al doilea tur de scrutin.

Oare nu ne putem aştepta din partea lui Iliescu, atît de abil în manipulări, la o astfel de tactică? Ba da. Primul rezultat obţinut a fost că Vadim Tudor s-a văzut promovat din rolul de „măscărici naţional", cum îl numesc ziarele, la acela de *sperietoare naţională*. Iliescu n-a avut doar un contra-candidat uşor de bătut în faţa lui; el a beneficiat de un sprijin electoral la care nimeni nu s-ar fi aşteptat cu cîteva zile înainte de alegeri. Legitimat prin acest sprijin, prin graba cu care partidele de dreapta au tăcut front împrejurul lui, dar şi prin analizele occidentale, el şi-a asigurat o guvernare fără opoziţie. Cu atît mai mult cu cît chiar România Mare a adoptat imediat poziţii mult mai discrete decît în timpul campaniei electorale.

Altul, însă, este avantajul major al acestei operaţiuni. În lipsa unui program şi a unei echipe valabile, Iliescu nu va putea menţine ţara pe linia de plutire decît cu bani veniţi din străinătate. În condiţii normale, aceşti bani nu i-ar fi fost poate acordaţi. Acum, însă, el va agita „sperietoarea fascistă" ori de cîte ori va avea nevoie de un împrumut substanţial. O sperietoare care nu este personajul Vadim Tudor, ci masa de alegători ai acestuia. De aceea era nevoie ca scorul lui, chiar şi la al doilea tur, să fie semnificativ. (Că mulţi chiar îl consideră un om de stat, capabil să conducă destinele ţării, acesta este un alt aspect al catastrofei.) Iliescu şi-a creat posibilitatea de a invoca întotdeauna pericolul social şi politic pe care îl reprezintă cei 3 milioane de votanţi ai „fascistului" Vadim Tudor, pericol ce se va manifesta dacă el însuşi nu va fi ajutat să-şi finanţeze iniţiativele. Tactica e veche – şi, ca de obicei, Iliescu nu face decît să aplice modele venite din Răsărit. După 1986, Gorbaciov a practicat-o cu foarte mult succes: temerile legate de un eventual război civil pe care le expunea în faţa liderilor occidentali i-au adus zeci de miliarde de dolari sub formă de împrumuturi şi ajutoare pe care Moscova nu le-a rambursat niciodată. „Succesul" lui Vadim Tudor îi va folosi lui Iliescu să rămînă la putere folosind aceeaşi „tehnică". Pe care o putem numi şi *şantaj*. Mai mult, dacă prin infiltrări şi manipulări el va reuşi să menţină partidele de dreapta în starea de dezbinare şi de ineficacitate în care le vedem astăzi, la alegerile din 2004 tot PDSR se va prezenta ca pavăză împotriva „fascismului" şi va cîştiga din nou.

Mulţumită lui Vadim Tudor, victoria lui Iliescu capătă cu totul alte dimensiuni decît o simplă izbîndă electorală. Ea devine o adevărată fractură socială şi marchează în profunzime viaţa politică românească. Pentru foarte multă vreme.

# EŞECUL INTELECTUALILOR
## sau
# ULTIMUL OM PROVIDENŢIAL
# AL DREPTEI

Alegerea lui Ion Iliescu reprezintă, fără îndoială, sfîrşitul unei epoci în ceea ce ne-am obişnuit să numim viaţa politică românească. Şi aceasta nu pentru că o parte a electoratului şi-a închipuit – lucru, de altfel, previzibil – că el va fi capabil să facă ceea ce nu făcusără predecesorii săi. Senzaţia de sfîrşit vine din mobilizarea în favoarea lui Iliescu a majorităţii celor ce-l combătusără sistematic după 1990. Mobilizare schimbătoare a unei elite intelectuale care, după ce s-a vrut farul politic al ţării, a eşuat într-o lamentabilă orbecăială.

La începutul anilor 80, cînd un zvon abil pregătea opinia publică, lăsînd să se înţeleagă că Iliescu avea să fie, într-o bună zi, înlocuitorul liberal al lui Ceauşescu, intelectualii cărora li se îngăduise aflarea „marelui secret", priveau această perspectivă cu desfătare, convinşi că participă la o evoluţie măreaţă a istoriei. Îndată ce zvonul s-a transformat în realitate, aceiaşi intelectuali au devenit cei mai fervenţi opozanţi ai aceluiaşi Iliescu. Acum, după 11 ani, tot ei sînt cei care, prin apeluri oscilînd între grotesc şi isteric, au contribuit la revenirea lui la putere. Dar cînd oare – se poate întreba omul de pe stradă –, în care dintre aceste ipostaze or fi avut dreptate intelectualii? „În toate", vor răspunde ei, fără să ezite. Pentru că ştiinţa lor politică se rezumă, în fond, la permanenta căutare şi promovare a „răului cel mai mic"! În anii 80, Iliescu era un rău mai mic decît Ceauşescu; în anii 90, Constantinescu (urmat pentru scurtă vreme de Isărescu) era un rău mai mic decît Iliescu; începînd din 2000, Iliescu a devenit un rău mai mic decît Vadim Tudor. Cîtă resemnare se ascunde în acest demers! Şi cîtă lipsă de abilitate, în ciuda colocviilor savante şi a interminabilelor analize repetate la nesfîrşit!

În decembrie 1989, Securitatea şi grupul celor l-au răsturnat pe Ceauşescu au făcut din Ion Iliescu un salvator al României. Dea lungul anilor, prin acţiunile sale adesea infame, el şi-a anulat singur acest statut. În decembrie 2000, intelectualii care au cerut cu vehemenţă să se voteze în favoarea lui l-au transformat pentru a doua oară în salvator.

S-au uitat cei o mie de morţi inutili de după 22 decembrie 1989, s-au uitat mineriadele, s-au uitat ororile de la Tîrgu-Mureş din martie 1990, s-a uitat scandalul „Iliescu agent KGB", s-a uitat scandalul „firul roşu", s-au uitat sutele de milioane de dolari care au dispărut fără urmă în matrapazlîcuri de tot felul, s-au uitat violenţele împotriva presei, împotriva intelectualilor, împotriva Occidentului, s-au uitat manipulările de tip securist, s-au uitat catastrofalele eşecuri. Şi dacă nu s-au uitat, s-a cerut să fie trecute cu vederea. Măcar o zi – pe 10 decembrie 2000 –, cît să aibă timp Iliescu să salveze România.

...Să o salveze de cine? De vechiul lui acolit, Corneliu Vadim Tudor, fost poet personal al cuplului Ceauşescu. Vadim Tudor, despre care nimeni, în România, nu a pretins vreodată că ar fi altceva decît un rebut al comunismului, şi care, dintr-o dată, prin importul necondiţionat al unei obsesii occidentale, a devenit o sperietoare fascistă. (Ar fi utilă o analiză a amalgamelor ce se fac în Vest – de loc inocente – şi care conduc la expresii absurde de tipul „comunist de extrema dreaptă", dar locul nu este potrivit pentru asta.) Astfel, vechiul comunist Iliescu, provenit din mişcarea kominternistă ce-şi găsea în anti-fascism ultima justificare, este azi propulsat spre putere printr-un elan anti-fascist stîrnit împotriva altui comunist căruia i s-a lipit o etichetă falsă. Acceptînd această abuzivă substituire de definiţii – cerută (sau impusă) de binegînditorii occidentali, pentru care răul este întotdeauna „fascist" şi doar rareori comunist –, intelectualii i-au justificat implicit lui Iliescu întregul parcurs politic. Simetria e perfectă. Dar şi manipularea.

Care va fi urmarea acestei agitaţii şi a acestui vot? Alegerea lui Iliescu va însemna sfîrşitul lui Vadim Tudor? Bineînţeles că nu! Iliescu îl va folosi în continuare pe Vadim ca sperietoare (aşa cum Ceauşescu l-a folosit pe Iliescu în ultima şedinţă a Comitetului Politic Executiv), iar jocurile electorale din 2000 vor fi reluate în 2004. Şi cum, pînă atunci, dreapta va continua să se consume în scandaluri şi intrigi, salvarea va veni tot din partea lui Iliescu, prin intermediul creaţiei sale Adrian Năstase[1].

În loc să se agite patru ani de zile, făcînd propagandă inexistentelor calităţi de şef de stat ale lui Emil Constantinescu, intelectualii militanţi şi-ar fi folosit mai cu folos energia căutînd un candidat valabil şi, în acelaşi timp, încercînd să educe acea parte a electoratului care este potenţial atrasă de discursul inept al lui Vadim Tudor. Dacă acest lucru ar fi fost făcut – şi dacă ar fi fost făcut bine – nimeni n-ar mai fi trebuit să se compromită scriind despre Iliescu contrariul a ceea ce scrisese cu o săptămînă mai devreme.

În zilele de agitaţie dinaintea celui de-al doilea tur de scrutin, intelectualii i-au creat lui Ion Iliescu o formidabilă legitimitate şi, totodată, şi-au pierdut propria lor credibilitate. Prin

---

[1] Prezicere care nu s-a îndeplinit. „Salvarea" n-a venit prin Adrian Năstase, ci prin Trian Băsescu – care n-a salvat nimic, ceea ce nu i-a împiedicat pe intelectualii „care contează" să-l adore în mod cu totul indecent.

graba cu care au acceptat să intre în jocul care le-a fost impus, ei s-au condamnat să fie în permanenţă ameninţaţi cu sperietoarea „fascistă” Vadim, reducîndu-şi astfel, în mod dramatic, posibilităţile de a se opune noului regim. Cînd s-a scris ce s-a scris în favoarea lui Iliescu, cine va mai putea să-şi facă vreun titlu de glorie – sau o carieră… – din combaterea lui? Deşi, din păcate, atît de multe lucruri sînt posibile în România…

Dar probabil cel mai grav este faptul că, preluînd de azi pe mîine şi fără să se gîndească la consecinţe, definiţia occidentală de „fascist” aplicată lui Vadim Tudor, ei au creat premisele unor evoluţii pe care nu le vor putea controla. Într-o singură săptămînă, România a adoptat o gîndire de stînga şi un criteriu de legitimare de stînga: acţiunea anti-fascistă. Încet-încet, aşa cum se întîmplă de la o vreme în Vest, orice atitudine anti-comunistă va fi asimilată unei tare ruşinoase (comunismul justificîndu-se, în continuare, prin lupta anti-fascistă), orice tentativă de a organiza un proces al comunismului va fi privită ca o erezie. Trecutul şi prezentul României vor fi scormonite permanent pentru a se căuta culpe infamante care să ne fie aruncate în faţă cu fiecare ocazie. Înregimentarea va fi totală. Şi România va trebui să-şi pună cenuşă în cap chiar cînd gunoiul lăsat în urmă de un Vadim Tudor va fi fost măturat de ani şi ani.

Iliescu o fi salvat, poate, democraţia – după cum pretind unii, uitînd ce spuneau nu demult –, dar preţul acestei „binefaceri” va fi exorbitant. Şi nimeni, în România, nu e pregătit să îl plătească.

După ce au eşuat în politică, inventînd imposibila „opoziţie-reazem”, intelectualii sar putea consola aplecîndu-se asupra unei întrebări tulburătoare: de ce oare, în România, se întîmplă totdeauna ceva rău? Cînd această întrebare îşi va afla răspunsul – care riscă să fie dezolant – vom înţelege multe lucruri şi, poate, vom şti chiar să ne ferim de unele dintre ele. Pînă atunci, însă…

# SCHIMBAREA „EXPERŢILOR", BUCURIA SECURIŞTILOR

Noua putere din România, nu a reuşit pînă acum decît o singură performanţă reală: aceea de a alcătui guvernul într-un timp record. În vreme ce, între cele două tururi ale alegerilor, PDSR îşi dădea aere virginale, anunţînd că nu va guverna în cazul în care Vadim Tudor va cîştiga, oamenii lui Ion Iliescu se îndeletniceau cu constituirea echipei guvernamentale. Ceea ce e o probă în plus că nimeni nu se îndoia cu adevărat de rezultatul scrutinului! Dincolo, însă, de această reuşită (modestă, de altfel), performanţele devin negative.

Guvernul constituie, prin numărul de miniştri şi de secretari de stat, un record absolut al ultimilor 11 ani, contrazicînd în mod flagrant promisiunile de austeritate făcute de Adrian Năstase înainte de alegeri.

Evident, primele „măsuri" adoptate de noua putere au fost legate de distribuirea locuinţelor de protocol. Apoi, în acelaşi domeniu, a fost repede adoptată „legea caselor naţionalizate" sub forma mizerabilă pregătită de vechiul Parlament (adică cea cuprinzînd toate amendamentele depuse de PDSR). Patern, Ion Iliescu a sfătuit proprietarii să nu aibă pretenţii „maximaliste". Cu alte cuvinte, să fie mulţumiţi dacă li se restituie ceva şi să nu ceară mai mult. La rîndul său, primul ministru Adrian Năstase (care cunoaşte bine subiectul fiindcă, între 1990 şi 1996, şi-a constituit un patrimoniu imobiliar considerabil) s-a arătat iritat de deciziile Curţii Europene de Justiţie de la Strasbourg privitoare la despăgubirile care ar trebui acordate şi a declarat că această instanţă nu este agent imobiliar şi, deci, nu poate face evaluări.

Pe de altă parte, s-au anunţat şi modificări ale Legii funciare („Legea Lupu"), dar fără să se precizeze conţinutul lor.

Şi, cum toate aceste iniţiative au dat loc la o serie întreagă de polemici, Ion Iliescu a avut posibilitatea să-şi expună ideile asupra proprietăţii. Idei de loc surprinzătoare, care dovedesc – dacă mai era nevoie – că omul care „a salvat democraţia" în România gîndeşte în continuare potrivit canoanelor Comitetului Central. El ne-a învăţat, astfel, că proprietatea privată e „un moft" şi că, pînă prin secolul XVIII, proprietatea asupra pămîntului era colectivă. Inventatorul „democraţiei originale" nu putea pierde ocazia de a crea şi o „istorie originală". În acest sens, tot el ne-a explicat că Alexandru Ioan Cuza a fost „primul preşedinte al României"!

În afară de case şi istorie, domnii de la ocîrmuire s-au ocupat în mod foarte serios şi de un alt domeniu care le e drag: acela al serviciilor secrete. Din fericire pentru ei, vechea putere s-a ferit, vreme de patru ani, să facă schimbări prea importante în aceste instituţii moştenitoare ale Securităţii, astfel încît „restaurarea" va fi rapidă şi nu va pune probleme prea importante. Regăsirea cu „serviciile" a fost probabil călduroasă şi a dat loc la numiri interesante. Generalul Ioan Talpeş, fostul şef al spionajului, a devenit principalul consilier al lui Iliescu şi, totodată, mai-marele administraţiei prezidenţiale (o funcţie de inspiraţie rusească, importată în România de Emil Constantinescu). Un fost adjunct al lui Talpeş, generalul Constantin Silinescu – care şi-a început cariera de spion în 1974 – a devenit consilierul lui Adrian Năstase. Astfel, toată lumea se regăseşte în familie! Şi chiar dacă România are mai multe servicii secrete decît oricare ţară occidentală (ceea ce, pare-se, e firesc!), ele nu se vor răzleţi în acţiuni necoordonate, căci rolul d-lui Talpeş e, tocmai, de a veghea peste toate. Ca pe vremea Securităţii…

Pedeserizarea e în toi, la toate nivelele, mai abitir ca în 1990. Cu atît mai mult cu cît, acum, se ştie exact cum trebuie procedat şi care sînt punctele nevralgice care trebuiesc controlate în mod prioritar. Regimul Constantinescu – pradă lipsei de inspiraţie politică şi falsei pudori – a refuzat să înţeleagă că nu poate conduce o ţară cu oamenii opoziţiei. Mai ales cînd aceştia sînt cine sînt. Acum, noul regim Iliescu oferă o lecţie de pragmatism viitorului regim de dreapta. Din păcate, e limpede că această acţiune nu are drept scop creşterea eficienţei puterii – şi, prin urmare, binele românilor –, ci doar aşezarea bazelor pentru o guvernare de lungă durată.

# SCAVII IMAGINII,
# IMAGINEA SCALVILOR

De 11 ani, opinia publică românească suferă, sub o formă mai mult sau mai puţin virulentă, de un rău ce s-ar putea numi „obsesia imaginii". Un rău paradoxal, manifestat prin contradicţia flagrantă între o actualitate în continuă degradare şi refuzul aproape generalizat de a căuta cauzele adevărate ale acestei degradări şi de a trage învăţămintele ce se cuvin. Relatările din presa occidentală despre diversele eşecuri şi orori pe care le-a cunoscut şi le cunoaşte România sînt considerate ca făcînd parte dintr-o conspiraţie denigratoare de o extremă perversitate. „Mai scrieţi şi despre minunaţii noştri copii care au uimit Vestul!" îmi transmitea, în 1990, un român revoltat, cititor al săptămînalului francez la care colaboram pe atunci. Ce e interesant, este că el nu reacţiona la vreun reportaj despre orfelinate, ci la un articol în care semnalam continuitatea serviciilor secrete în România. Un adevăr care, desigur, i se părea insuportabil (sau lipsit de importanţă) şi căruia i-ar fi preferat „ştiri" entuziaste, de tipul celor cu care îl obişnuiseră ziarele comuniste.

Cu alte cuvinte, am vrea să trăim la nesfîrşit într-o feerie alcătuită cu predilecţie din moştenirea lui Ionesco, Cioran şi

Eliade, adăugîndu-i, cînd e cazul, succesele elevilor români la olimpiadele de matematică. Uităm, însă, că Ionesco, Cioran şi Eliade – de ceilalţi celebri desţăraţi, impresioant de mulţi totuşi, nu ne sinchisim – s-au salvat şi împlinit prin exil, ceea ce e simptomatic. Cît despre olimpiadele de matematică, ele sînt, pentru opinia publică occidentală, nişte non-evenimente absolute. În ceea ce se scrie despre ei, românii ar vrea să fie folosită nu adevărata imagine a ţării, ci o serie de clişee stabilite de ei înşişi – tentaţie permanentă a cenzurii? –, clişee care ar trebui să producă asupra cititorului o impresie idilică. Îngrijorător, refuzul realităţii nu e departe. Faptul de a ascunde răul, sau de a-l trece cu vederea, nu îl anulează, ci dimpotrivă!

În timpul dictaturii lui Ceauşescu, Occidentul îi plîngea pe români în masă, uitînd că mulţi dintre ei (de la activişti la securişti, trecînd printr-o lungă listă de tartori locali) contribuiau cu sîrg la construirea abjecţiei. Atunci, existau două imagini distincte: cea a regimului, mizerabilă, şi cea a poporului, bună. Evenimentele din decembrie 1989 au instalat o oarecare îndoială în mintea observatorilor occidentali: ei au fost tulburaţi de amploarea minciunii, practicată atît de vechii cît şi de noii guvernanţi, dar şi, adesea, de omul de pe stradă, trăitor într-un ireal amorf. În loc să încerce să anuleze această stare prin simpla îmbunătăţire a ceea ce-i înconjoară, românii s-au apucat să-i critice pe observatori, iar România s-a lansat în producerea unei noi serii – pînă acum, neîntreruptă – de catastrofe şi mizerii.

Mineriadele, sîngeroasele conflicte de la Tîrgu-Mureş, succesele electorale ale unui Vadim Tudor, omnipotenţa Securităţii regenerate, ambiguităţile politice, eşecurile economice, scandalurile şi escrocheriile care se ţin lanţ – toate acestea reprezintă pete negre pe faimoasa „imagine" a ţării. Lor li se adaugă incopetenţa arţăgoasă de care călătorul occidental – om de afaceri, reprezentant al instituţiilor internaţionale sau jurnalist – se izbeşte la tot pasul. Trecut de primele impresii negative – şi, parcă, pentru a le confirma sau chiar adînci dincolo de limitele suportabilului –, observatorul sfîrşeşte prin a descoperi mizeria absolută a copiilor părăsiţi în orfelinate, a copiilor murind de SIDA în camere sordide de spital, a copiilor supravieţuind drogaţi şi alcoolici în canale, a copiilor care se prostituează în gări. Oroarea unei subumanităţi abandonată de o societate careşi revendică zgomotos apartenenţa la creştinism şi la civilizaţia europeană. S-a uitat că din orfelinate, gări şi canale se vor ridica adulţii de mîine şi că răzbunarea socială – dacă nu chiar biologică – a abandonului de azi va fi teribilă. Tot ce se ştie e că „despre asta" nu trebuie vorbit. Tăcere grea de false pudori, prefigurînd marile tragedii. Tăcere-cenzură, în spatele căreia se pregăteşte dezagregarea societăţii.

Tot ce vrem să ne amintim – obsedant pînă la ridicol – e că noi i-am dat lumii pe Ionesco, Cioran şi Eliade. Iar acum ne spunem, folosind o expresie goală de orice sens, „exportatori de stabilitate". Dar oare ce-i pasă omului de rînd de pe străzile Parisului, Londrei sau Berlinului despre înfloriturile limbii noastre de lemn? El nu-i citeşte decît rareori pe marii exilaţi români, iar rezultatele olimpiadelor de matematică îi sînt cu totul indiferente. În schimb, el vede, zi după zi, masele de cerşetori români, se teme de hoţii români, iar acum a început să afle că, în afară de „exportul de stabilitate", *România creştină şi occidentalizantă a secolului 21 a început să exporte sclavi!* Femei vîndute pe nimica-toată pentru a fi scoase pe trotoarele Vestului, băieţi de 10-12 ani vînduţi pedofililor din lumea întreagă, adolescenţi vînduţi bandelor internaţionale de hoţi – mii de fiinţe umane pe care nişte ticăloşi (de multe ori, proprii lor părinţi) le-au dat în stăpînire altor ticăloşi, pentru a sfîrşi mult prea des, cînd nu mai sînt „productivi", cu un glonţ în cap. Ei sînt „copiii noştri care au uimit Vestul", pentru că pe ei îi vede Vestul în fiecare zi –

şi nu pe cei doi sau trei viitori matematicieni talentaţi! Acela care va spune: „Ăştia sînt toţi ţigani!" se înşală sau încearcă, o dată în plus, să amenajeze realitatea. Nefericitele care ajung în bordelurile din Kosovo sau pe trotoarele cartierelor sordide din capitalele europene *nu sînt* ţigănci. Printre adolescenţii care fură în metrourile şi magazinele Vestului – şi care sînt torturaţi sălbatec dacă nu îşi îndeplinesc „norma" cotidiană – sînt tot atîţi ţigani cît şi români. Şi cei mai mulţi dintre ei au fost *vînduţi de familiile lor!* Oare chiar nu trebuie scris despre asemenea monstruozităţi? Există sărăcie în foarte multe părţi ale lumii, dar rare sînt locurile în care părinţii îşi vînd copiii.

Ce fel de societate vrem să construim, ascunşi cu prudenţă la umbra cîtorva mituri? Ce Românie vom lăsa în urma noastră? Ştim cu toţii (sau ar trebui să ştim) că regimul comunist nu a „atomizat" societatea – cum se spunea în colocviile savante din 1990 –, ci a distrus-o, a dezumanizat-o. În faţa acestei cumplite catastrofe (pe care am semnalat-o acum 11 ani, stîrnind iritarea cercurilor optimiste), analiştii subtili produc speculaţii liniştitoare: economia de piaţă va da naştere unei noi burghezii şi totul va intra pe făgaşul normal. Problema e că, din multiple şi complicate motive, nici vechea Românie nu a fost în stare să genereze clasele sociale de care avea nevoie. Cît despre România de azi – în care s-a permis ca economia de piaţă să fie înţeleasă ca o formă lesnicioasă de a face escrocherii fără teama de a fi pedepsit –, ea produce în special mizerie economică şi umană. Criza socială din România se agravează în loc să tindă spre o rezolvare. Un singur exemplu: din parcmetrele pariziene au fost furate 30 000 000 de franci (100 de miliarde de lei [vechi] = 4 500 000 de euros). „Afacerea" s-a întins însă în toată Franţa, deci suma globală acumulată prin acest procedeu trebuie să fie de cîteva ori mai mare. Şi „afacerea" e exclusiv românească. Există, deci, un număr de români *întreprinzători* care au cumpărat adolescenţi din ţară, i-au adus clandestin în Vest, i-au învăţat să fure şi i-au torturat cînd nu au adus destui bani – un număr de indivizi care posedă acum aceste sume fabuloase obţinute pe căi abjecte. Ei sînt, aşadar, cei care, potrivit analiştilor subtili, vor constitui, pe singurul criteriu al banilor, burghezia de mîine, în strînsă cîrdăşie, fireşte, cu toată liota de escroci ale căror nume umplu în mod inutil rubricile judiciare ale ziarelor. Cu toţii vor deveni „locomotivele sociale" ale României viitoare, iar riscul ca o parte a tineretului – fie pervertit timpuriu prin implicarea în diversele iniţiative necurate, fie speriat de perspectiva sărăciei şi a şomajului – să-i ia drept *modele* de reuşită e o constantă teribilă.

Transformarea indivizilor astfel îmbogăţiţi în clasă socială dominantă – aberaţie de neconceput într-o ţară normală – devine posibilă mulţumită corupţiei de stat care le asigură impunitatea. Din spirit de solidaritate, dar şi pentru a şterge urmele, corupţii (politicieni, magistraţi, înalţi funcţionari) vor fi admişi în noua burghezie, îngroşîndu-i rîndurile şi agravîndu-i murdăria. O relaţie de interdependenţă vinovată se va instala între aceste grupuri, făcînd posibile viitoarele şantaje, deci perpetuarea sistemului. Sistem care, încuscrit cu vechile/noile servicii secrete, îşi va impune fără nici o dificultate regulile, sufocînd încet-încet România.

Liniştea, în faţa unei realităţi grave care deschide perspective încă şi mai grave, înseamnă împărţirea vinovăţiei. Bolnavă pînă în adîncurile ei, societatea nu se va însănătoşi nici prin tăcere, nici prin discursuri fără consecinţe şi nici prin accese de mîndrie. Cînd aberaţiile şi abjecţiile vor fi dispărut, atunci nu va mai scrie nimeni despre ele. Dar, pentru asta, ar trebui ca intelectualii, şcoala, presa, politicienii, justiţia, poliţia – într-un cuvînt: toţi cei care pot contribui util la o adevărată renaştere socială – să joace pînă la capăt rolul pe care şi l-au asumat.

Deocamdată, să nu uităm, exportăm sclavi!

# Către cititori
# SFÎRŞITUL UNEI ETAPE

Acest ultim număr, atît de întîrziat, trebuia să apară după alegeri (ale căror rezultate le conţine, mai mult pentru memorie decît pentru informare). O serie de catastrofe, mai mici dar şi mai mari, au amînat imprimarea şi expedierea. Din motive pur administrative, el poartă totuşi data decembrie 2000.

„Revers" intră, deci, într-o perioadă de „hibernare". Speranţa de a găsi posibilităţi de finanţare care să-i asigure supravieţuirea s-a dovedit sterilă. Actualitatea românească i-a dezamăgit pe unii şi dezgustat pe alţii în asemenea măsură încît e firesc să nu fie dispuşi să plătească pentru a o afla. În plus, concurenţa Internetului este considerabilă, el dînd acum acces, în mod gratuit, la presa cotidiană din România – un avantaj ce trece înaintea calităţii mediocre a unora dintre publicaţiile din ţară. Poate că întrun viitor mai mult sau mai puţin îndepărtat „Revers" va deveni, la rîndu-i, o publicaţie pe Internet. Abonaţii actuali vor fi informaţi la timp despre această eventualitate.

De-a lungul ultimelor luni, comentariile răuvoitoare la adresa acestei publicaţii s-au înmulţit, cel mai absurd dintre ele pretinzînd că „Revers" îşi opreşte apariţia pentru a nu-şi da în vileag opţiunea proIliescu! Cei care îşi pierd timpul lansînd asemenea calomnii (fiindcă nu mai poate fi vorba despre simple zvonuri) nu vor sau nu pot să înţeleagă că dacă, după doi ani de tăcere auto-impusă şi de aşteptări înşelate, am ales să critic regimul Constantinescu în loc să-l măgulesc prosteşte, este tocmai pentru că, prin slăbiciunile, gafele şi greşelile sale, el pregătea terenul revenirii la putere a lui Iliescu şi a acoliţilor lui.

Rezultatele alegerilor confirmă şi chiar întrec analizele pe care le-am făcut în public începînd cu 1997, sau pe care le-am difuzat prin „Revers" după 1999. Dar aceste rezultate fiind catastrofale pentru ţară, faptul de a fi avut dreptate nu-mi poate produce nici o satisfacţie. Probabil că ceea ce era considerat drept „pesimism" – adică, pur şi simplu, prevederea realităţii de azi – a făcut ca această publicaţie să nu atingă audienţa pe care o spera şi care i-ar fi permis să trăiască mai departe. Dar faptul că nu mi-am înşelat cititorii, întreţinînd false speranţe, este o consolare împotriva tuturor criticilor.

Alte publicaţii au ales să privilegieze un optimism forţat, susţinînd ceea ce nu mai putea fi susţinut şi căzînd adesea în incoerenţa redacţională. Un public avid de veşti bune şi-a aflat, pentru o vreme, satisfacţia în paginile lor, dar îmi închipui că decepţia ultimelor luni a fost cu atît mai amară. Nu aceasta este calea adevăratului jurnalism şi nu aceasta este calea pe care am ales-o.

În România, opţiunea electoratului a creat o situaţie dezastruoasă, care se grefează pe un fond, şi aşa, extrem de prost. Lucrurile sînt agravate de faptul că toţi cei care ar fi trebuit, în mod natural, să constituie opoziţia la regimul Iliescu, s-au lăsat antrenaţi în manipulări de tot soiul şi au cerut să se voteze în favoarea lui. La fel de grav este şi faptul că, în ultima vreme, prin cîteva mişcări abile – dar probabil fără consecinţe – echipa condusă de Adrian Năstase a reuşit să-şi atragă un nemeritat val de simpatie şi încredere. „Statul PDSR” – care, de altfel, nu fusese cu adevărat desfiinţat de fosta guvernare – îşi va regăsi cu atît mai uşor reperele şi modul de funcţionare. În aceste condiţii (şi dată fiind starea letargică în care dreapta sa aruncat de una singură) putem vorbi despre o instalare la putere pe termen lung a partidului lui Ion Iliescu şi poate chiar despre o nouă victorie în 2004.

Faţă de situaţia politică din ţară, care este atitudinea românilor trăitori în afara hotarelor ei? În ce mă priveşte, n-am încetat niciodată să mă simt un exilat, iar alegerile din 1996 nu au schimbat întru nimic această stare de spirit. Mulţi alţii, însă, au considerat atunci că venirea la putere a lui Emil Constantnescu şi a Convenţiei Democrate însemna ruperea definitivă de trecutul comunist şi, deci, sfîrşitul exilului. Ultimele alegeri au infirmat acest raţionament, arătînd că, în România, trecutul e mereu prezent. Indiferent de nuanţele lingvistice sau istorice, fie că ne-am numit exilaţi sau emigranţi, sîntem cu toţii dezţăraţi şi, într-o măsură sau alta, împărţim aceeaşi soartă. Rămîne să ştim dacă ne putem considera o comunitate, dacă avem voinţa necesară pentru aceasta, ce fel de raporturi întreţinem cu România şi dacă ne mai interesează cele ce se întîmplă cu adevărat acolo, sau dacă tot ce aşteptăm sînt doar elanuri de optimism. Răspunsul la aceste întrebări ar fi cea mai precisă indicaţie despre necesitatea existenţei publicaţiilor româneşti din străinătate.

Într-o anumită măsură, se poate spune că „Revers” dispare fiindcă a avut dreptate arătînd partea neplăcută a lucrurilor. E, adesea, o poziţie cît se poate de inconfortabilă, pentru că „a avea dreptate” în privinţa situaţiei actuale din ţară înseamnă adesea a scrie lucruri triste, urîte. Critica nu înseamnă, însă, nici denigrare şi nici, cu atît mai puţin, ură. În ce mă priveşte, sub o formă sau alta, voi continua să spun ce

am de spus. Şi, mai presus de toate, sînt fericit că mi-am
păstrat şi îmi păstrez libertatea, indiferent care este preţul ei.
Aşadar, pe curînd!

______________________________

[1] „Revers" n-a mai apărut, însă, niciodată. Iar formula „pe curînd", scrisă acum
aproape 18 ani, nu se putea referi la prezenta culegere...

# Tabla de materii